女人游新加坡

[日] 田岛麻里江　著／[日] 柳大辅　摄影　郭阳 译

吉林出版集团有限责任公司

序言

"爸爸，我现在马上回日本！"

刚到新加坡的时候，我拼命向父亲倾诉。对，那是 30 年前，我还是小学生时候的事情。离开日本的时候，春寒料峭，那种寒冷的感觉依然留在脑海里。随着父亲的移职，母亲、弟弟和我，一家四人来到了新加坡。当然，对于我来说，是初次来到异国他乡。总之，炎热使我感到很痛苦，至今未曾闻到过的南国气息，扑鼻而来。印度、马来、中国、西方来的各人种各语言汇集交错，所有的都是第一次接触，因此感到有点害怕。

从那一天开始，到现在已经 30 年了，过了 30 岁，终于按照自己的意愿来到新加坡，然后毫不犹豫地定居下来，这样的新生活也已经过了 3 年半。我已经得到了盼望已久的常住居留权，每天过着很快乐的生活。★

世界文化交汇的亚洲理想城市

景点信息查看的方法

区 在封面地图上的位置　地 地址　☎ 电话号码　营 营业时间　行 出行方式
新加坡的流通货币是新加坡元，在本书中以 S$ 表示

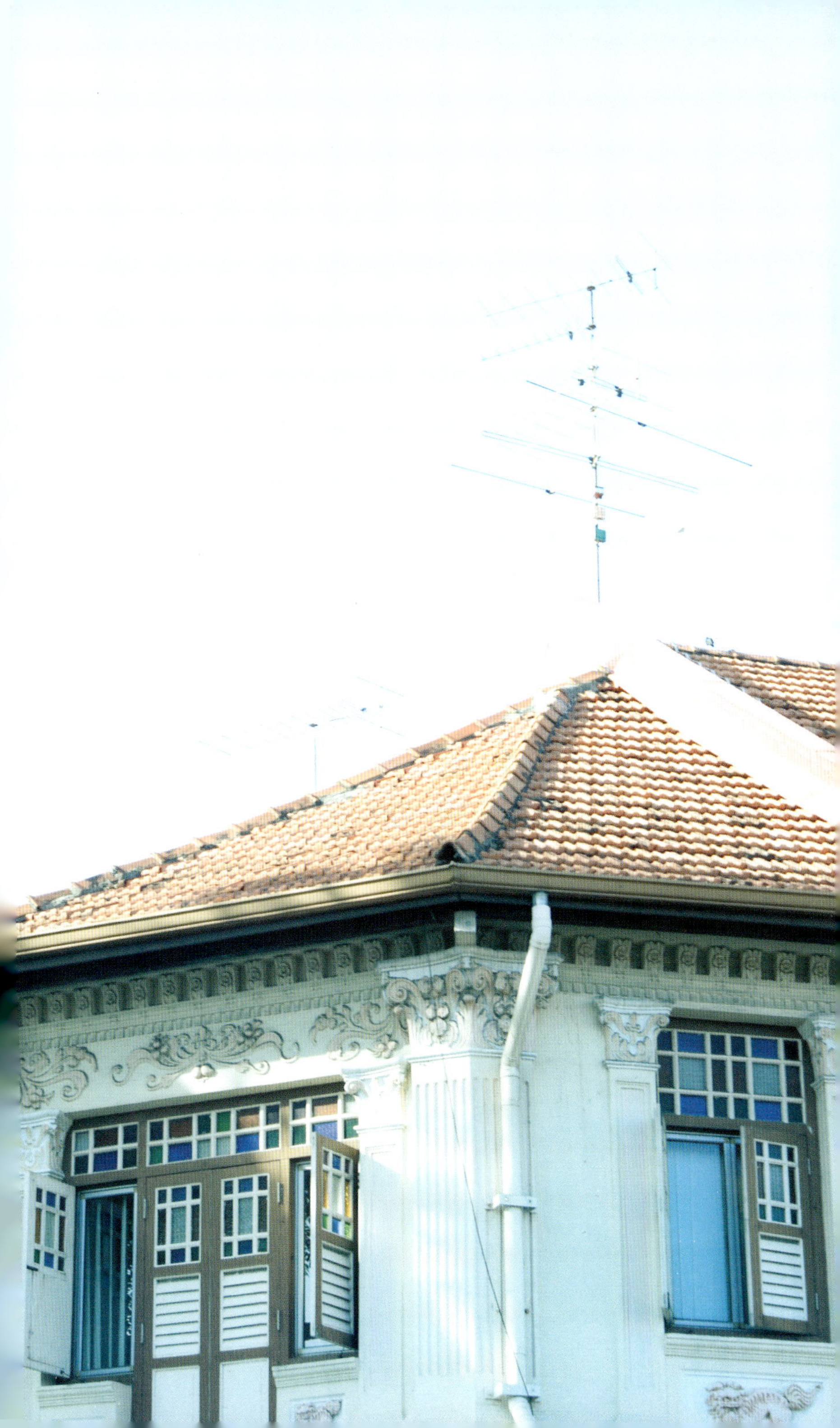

新加坡是一个令人不可思议的国家，建国44年，国家的历史还很短。但是它却以令人瞠目的速度急速发展，是亚洲贸易、IT、生命科学研究的中心。治安甚至比日本还要好。国民教育水平很高，不断有来自世界各国的留学生聚集于此。在新加坡，拥有着医疗技术和完善设备的医疗配套旅游也非常盛行。做的很不错吧。

以旅游观光闻名于世的新加坡，虽然是只有相当于东京23区面积的小国家，但是旅游景点众多。人们评价说它像一个小印度。有能感受到华人的强大社会影响力的中华村。能够一路游览清真寺的阿拉伯街。没时间没金钱也没关系。在新加坡简单的一日游就有如同周游世界的感觉。

You Will Love Singapore! 你会爱上新加坡的！

当然，正如大家所知道的，美食家的水平也非常高。从小摊到高级饭店，可以随性地按照自己的步调做出愉快的选择。

对于热爱购物的人们，我推荐的是纤细温和的亚洲小商品，以及各酒店限定的原创产品，便宜又可爱的女鞋等等。新加坡出乎意料的有许多在国内还未上市的大众品牌。千万不要忘记游览一番。

那么，前序就到这里了，我们接下来就进入大众旅游之新加坡游的行程之中吧。和我们一同参加的成员有在这次的取材中照了一万张照片的摄影师柳大辅，和有过周游世界经验的资深旅行编辑吉田友和，以及我自己田岛麻里江。现在，让我们向真实的新加坡立刻出发吧！ ★

采访歌曲作家邱意淋

热播电视剧的片尾曲演唱者，在新加坡一跃成为了人气歌手。
有如歌唱般说话的天才艺术家，在日本的音乐活动也即将开始。

多么聪明的一个人啊⋯⋯这是我对邱意淋的第一印象。我能够感受到她是满怀诚意的认真地回答着我用蹩脚的英文提出的一个个采访问题。而且她有的时候夹杂着风趣幽默，有的时候又像是歌唱似的畅所欲言。她具有吸引人的魅力。与她同席的编辑吉田称赞道"真是一个天生的艺术家啊"。旁边的摄影家在点头赞许。在本书封面上登场的邱意淋，对于长时间在烈日下的摄影没有任何不满的表情，让我们感受到了她的专业毅力。

邱意淋（Bevlyn Khoo）是在新加坡人气正在急剧上升中的歌曲作者。1979 年 2 月出生，30 岁。意淋说与音乐的相遇是在 4 岁，从那个时候开始一边看着电视的音乐节目一边唱歌。5 岁的时候，对叔父家中的风琴产生了浓厚的兴趣，开始练习风琴。两年后，改为钢琴，并练习了 3 年。意淋笑着说道："但是，我最喜欢的仍然是唱歌。""成为一名歌曲作家的理由是什么呢？因为一唱歌自己就非常开心，自己开心是最重要的"，她干脆地回答着记者的提问。在她的言语中似乎找不到"困扰、迷惑"这样的词语。她最喜欢的艺术家是玛利·亚凯利，关于作曲，我对她进行了简单的提问。她回答道："作曲的时候，首先故事是最重要的。考虑着歌曲所要传达的内容，构建着故事情节。这样自然而然的旋律就会浮现出来，而歌词似乎总是最后添加的⋯⋯"。

2008 年 1 月，意淋发布了 EP ELBUM "lonely Afternoon"，作为新加坡具有空前收视率的电视剧 Little Nyonoya 的片尾曲赢得人们的关注。11 月，与日本的 S2S 签约，制作音乐全集，并在 2009 年 4 月，在新加坡以及亚洲各国发行。"音乐全集的主旋律是古典派。而且还用英语、汉语和法语演唱。在全部的 12 首曲目当中，准备收录两首原创歌曲。"意淋生动地讲到："我想给日本的朋友们，以上海轻音乐特别歌手意淋的名义送上轻音乐的声音。"以新加坡为中心，在亚洲以及世界各国都能听到意淋的曲子。★

在酒吧 Sapphire 的吧台。

Bevlyn Khoo
邱意淋

You Are My Angel
2009 年 4 月发布的 2 张 CD，
有英文、中文、法语版。

到了以亚洲治安第一著称的新加坡，如果晚上不游玩一番就回去的话就太浪费了。那么我们去哪呢？请您到新加坡最大的俱乐部ZOUK 吧。自 1991 年开店以来，ZOUK 在激烈的俱乐部形式变化中，一直保持着神奇般高人气的魅力。而且在世界人气俱乐部前十名中也榜上有名。以可容 2000 人的主俱乐部 ZOUK 为首，有 50 岁左右的朋友参加的天鹅绒地下空间，有为喜欢小盒子的人们打造的"未来"，然后是新加坡风情的开放式红酒酒吧（可以四次回味）。另外，ZOUK 还引进了服饰唱片公司。它是创造了以音乐为中心的夜生活方式的先行者。ZOUK 的夜晚使得永远都是夏季的新加坡更加熠熠生辉。★

云集派对爱好者的
亚洲最大俱乐部、[ZOUK]

新加坡以居高不下高人气著称的景点"ZOUK"
在华丽激情的舞池里聚集着许多时尚的年轻人。
本段取材于周五晚上的派对。

1. 周五晚在 ZOUK 入口处排队的人们。各个民族的年轻人同聚一起的情景如果不是在多民族的国家是很难见到的。

2. 主俱乐部的舞池。深夜后这里就会变得激情四射。

3. ZOUK 的吧台，服务员周末也非常忙碌。

4. 可以买到独创的衬衫、杯子和 CD 等的商店。

ZOUK

C2　　17 jiak, kim St.

6738-2988　　19:00~03:00（周一休息 / ZOUK 与 PHUTURESHI 周三周五周六营业）

Orchard 路或者从 Clark Quay 乘出租车约 5 分钟。

在俱乐部内的商店可以买到 ZOUK 的汇编 CD，是由 3 个 DJ 所制作的 3 张组合混合光盘。

和大美女女朋友在一起，男朋友痴迷的表情也很 GOOD！

为了见朋友而从上海回国的帅哥男朋友（右一）。

我们去见 ZOUK 常客吧

如果要去 ZOUK 玩，那周五去绝对是最好的。派对的高潮是深夜零点左右。但是会有入场前在外等待的情况出现，如果不喜欢排队的话就要早点去。在红酒酒吧等一等也可以。

我个人非常喜欢每周三播放的 70 到 80 年代的怀旧流行歌曲"怪诞的偶像"。有很多俱乐部常客聚集的周五的夜晚氛围也很特别。ZOUK 客人是指经常光顾 ZOUK 的常客。这并不是指简单的常常来这里就可以被称为 ZOUK 客人，而是那些既酷又聪颖而且很彬彬有礼的 ZOUK 客人。他们是白天的街道上很难见到，而在夜晚游玩的俱乐部常客。在这次时尚旅游中，我决定大胆地对这些时尚的 ZOUK 客人进行直接取材。首先，让我们在这一页欣赏一下时尚吧。★

穿着朴素粗制棉布、时尚而又清爽的情侣。

太难得了！发现了穿着衬衫的时尚演员。

穿着一身得体的朴素牛仔
衣服的情侣。

已经习惯了摄影的三人组
合, 绝非寻常人!

漂亮的时尚三姐妹, 是俱
乐部时尚的代表。

无肩带裙子外加斜向条纹的宽
腰带看起来更加性感。

白色边框的太阳镜, 条纹衬衫,
以及帽子的搭配非常绝妙。

偶像派的两个可爱姑娘。
长发姑娘多也是 ZOUK 女子常客的特点之一。

目 录

特辑

与世界相连

认为"新加坡没有什么观光景点"的先入为主观念的人有么？多民族共同居住的小国新加坡其实是一个可以一次享受多种文化的旅游目的地。读了本篇特辑，你会发现，在新加坡不光是购物与品尝美食，还可以感受到这个国家的新的魅力。

　　新加坡一向被定义为多民族的国家，但是，实际上很多旅行者还没来得及体会到这一切就已经在回国的途中了。我经常会听到他们说："新加坡？一个很小的国家，去一次也就足够了吧。"

　　与编辑吉田初次见面的时候，在万豪国际酒店一边饮茶一边聊到刚才的话题。

　　"不是这样的，新加坡就像是亚洲的缩图。而且我认为新加坡是一个切实能够让人感受到它是一个与世界相连的重要的国家。"具有周游世界经验的编辑吉田如是说到。听到这些话的瞬间，一直在我心里积压的一些东西似乎得到了消解。然后，我当时就很强烈地想要在书中把真实的新加坡展现出来。

在新加坡，土生华人、华人、印度人、阿拉伯人、马来人、泰国人、菲律宾人等，各个民族形成了独自的社区，生活中互相帮助。当然，也绝对没有忘记尊重其他的民族。因此，在自己的区域里，绝对不会拒绝游客以及其他人的进入。在中国城里，有印度教寺院，在小印度也有泰国佛教的寺院。在阿拉伯街区，印度人和华人经营的店铺在不断增加。在这个国家，公平共存是一个前提，它是一个理想中的多民族国家。

首先，卸掉肩膀上的压力，希望大家能够尽情享受多样的文化和美食，在各个区域与人们互相接触。如果来到新加坡，就可以简单地与世界相连。通往世界的大门，就在"新加坡"。★

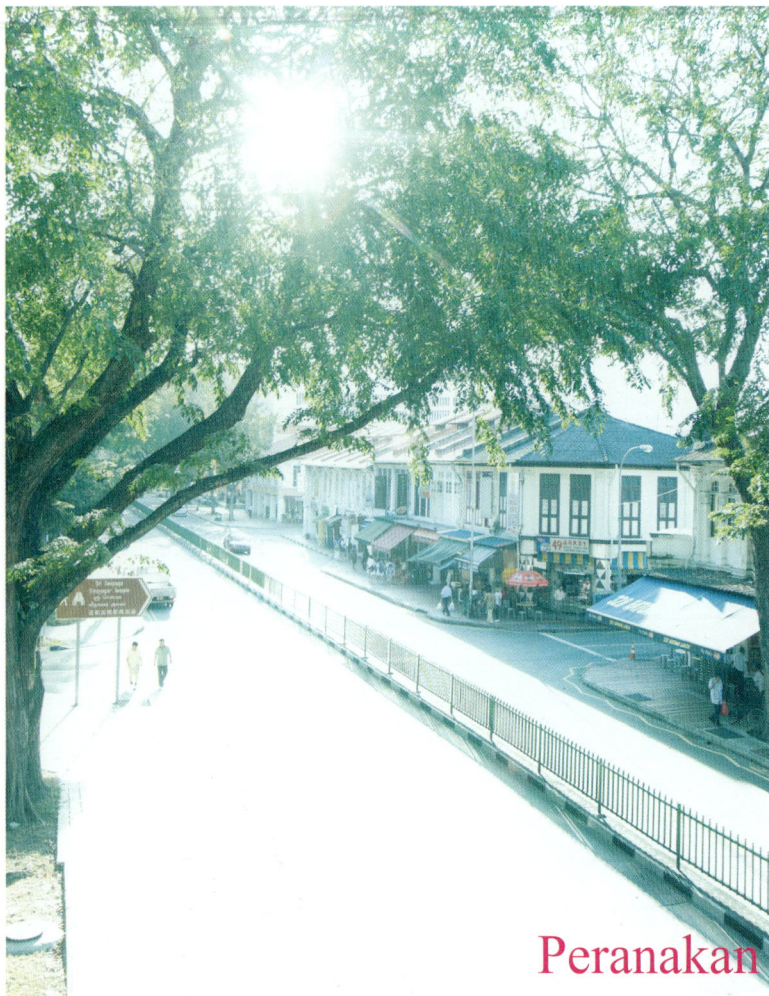

Peranakan

从东海岸路的过街天
桥上眺望加东的街道
布局。

土生华人

观赏中国和马来半岛不同文化融合的街道

普遍认为大多数新加坡的土生华人都是从马六甲来的。在这里能够真切地感受到他们的生活及所包含的历史文化。

加东地区 Katong Area

以东海岸街道为中心的地区

从 MRTpayareba 车站或者 MRTyuunosu 车站乘坐巴士或者出租车大约需要 7~8 分钟

摄影师柳的步伐越来越快了，他左肩上背着三角架，右肩上背着放着各种镜头的包，从脖子上取下照相机的姿态在灼热太阳的照射下显得非常的艰辛。但是，他丝毫没有介意这些事，而是以小碎步走向他所中意的拍摄景象。按快门的间隔很短。这个地方非常有魅力吧。

新加坡不断地向前发展，新的高楼大厦不停地在建设之中。但是东海岸的加东地区就像是时间停止流动了一样。华人移民的子孙曾经在这聚集，构建起了大的社区。甘榜格南之前似乎也是这样的地区，土生华人们也分散到了各地。在这里，能够切身感受到从 19 世纪开始到 20 世纪初，土生华人最繁荣时代文化残留的印迹。★

店员们非常的友好。穿着统一的制服。

以椰奶为底料做的麻辣汤面喇沙 S$3

如果想要尝尝著名面食"喇沙"，就来这里吧。

喇沙是土生华人料理的一种，游客们最爱的面食之一。加东地区作为喇沙的激战地为人所知，在土生华人街道的店铺中能够品尝到喇沙的这家店，客人络绎不绝。

加东喇沙 328
Katong Laksa

D4   216 East Coast Road
9732-8163   8:00~21:00
从 MRTpayareba 车站或者 MRT yuu-nosu 车站乘坐巴士或者出租车大约需要 7~8 分钟

穿着围裙的比比擦着手从与店面相连的厨房出来说："怎么样？采访还顺利吗？如果有什么问题的话千万不要客气，尽管问我。"她是土生华人杂货店的店长鲁玛·比比。因为很难得，当我拿出相机想要拍照的时候，她笑着说："今天不行，今天一天都在料理和点心制作之中，这是工作时的装扮，没有化妆呢。"这也正常，我们来采访的时候快到正月了。而且也没有预约就突然采访，她能够接受我们的采访就已经很感谢了。采访期间前来的客人络绎不绝。有前来购买比比亲手制作的娘惹点心的男性，有前来挑选印度尼西亚民族服饰娘惹装以及购买珠式刺绣品的女性，为了接待这些顾客，比比和她的店员都手忙脚乱的。据说这里通常还会开办刺绣和料理的讲座。这家店铺人气很旺，全仰仗比比的绝好灵感和她的人格魅力。★

土生华人的小百货
也很可爱

鲁玛·比比 Rumah Bebe
D 4　113 东海岸路 East Coast Rd.
6247-8781　周二到周日：9:30~6:30 周一休息
从 MRTpayareba 车站或者 MRTyuunosu 车站乘坐
巴士或者出租车大约需要 7~8 分钟

1. 刺绣品 S$150~，比比手工定做的珠式刺绣 S$650~
2. 美丽的浅玫瑰红与浅绿色搭配的娘惹服装——可以购买正宗的娘惹服装作为礼品
3. 阴历正月在制作点心和料理而十分繁忙的厨房
4. 鲁玛·比比的店内，在这里能够感受到土生华人的历史文化
5. 为了购买本店的娘惹料理而远道前来的顾客也很多

如果在加东地区住宿的话

如果想在加东地区住宿的话，我们推荐百乐门酒店。包括伊势丹在内的百汇广场就在眼前，也是购物的好地方。体验一下与市中心宾馆的不同氛围应该也是很愉快的吧。

▶酒店的详细信息在 128 页

陈列着博物馆级别珍贵物品的加东古董屋

在鲁玛·比比的店内一饱眼福的我们决定继续在加东地区游览一番。沿着东海岸路向东走，我们看到了时尚美丽的阶梯式住宅。并不是说有什么特别的东西，但是，看着走在前面的行人，甚至连小猫都觉得是如画一般美丽的风景。

如果可以的话希望大家能够留意一下在房子的大门以及墙壁上装饰的土生华人文化式样的艺术品般美丽的瓷砖。有的是同样式样的瓷砖排列，有的是经过组合描绘出的一幅画面，有着各式各样的粘贴方式。我询问了一下，据说这些装饰品主要从英国引进，也有从日本和荷兰引进的。

步行游览行程的最后是"加东古董屋"。在一层可以购买到餐具以及民族服饰。但是，这里的核心是在 2 层。虽然是预定制，但是可以鉴赏店主 Peter 的珍贵的收藏品。★

加东古董屋
Katong Antique House

区 D4　　208 East Coast Rd.
6345-8544　　11:00~17:00
从 MRTpayareba 车站或者 MRTyuunosu 车站乘坐巴士或者出租车大约需要 7~8 分钟
能够鉴赏珍贵的收藏品的画廊游需要预订，每人 S$15（最少五人以上）

1. 陈列着古董的小陈列橱
2. 左侧的蓝色建筑就是加东古董屋，是东海岸路沿路商店之一

3. 土生华人博物馆引人注目的白色墙壁的外观
4. 位于入口旁的博物馆商店。以娘惹服装、传统服饰为主题的小物品以及文具非常受欢迎。
5. 馆内的展示都非常容易理解。也有能够实际触摸的物品，非常尽兴。

临街家庭商店图案的明信片 S$2。14 支装铅笔 S$5

能够完全领会土生华人文化么？！土特产礼品店也是必看的

土生华人博物馆 Peranakan Museum

🗺 C2　📍 39 Armenian Street　☎ 6332-2982

🕐 周一 13:00~19：00 周二到周六 09:30~19:00（只有周五营业到 21:00）

🚶 从 MRT city Hall 车站步行 10 分钟。入馆参观费 S$8

　　除了加东地区，你一定要去"土生华人博物馆"看看。地址在离新加坡美术馆非常近的 Armenian Street 街道。以前，这个白色墙壁的建筑物曾是学校，因而有着超群的存在感。从入口处进去后，一直通到三层的楼梯非常的宽旷。柔软的光线从天窗射入，令人心情愉悦。我们立刻开始游览吧。首先是一层的土生文化历史区域。在这里我们先来了解一下基础知识吧。接下来去二层。在这里可以鉴赏以婚礼为主题的各种各样的展览会。土生华人们把"与人不同的物品"之中的价值展现了出来。每一件婚礼家具、服装、彩礼之类的，其精心打造的手工艺品都具有令人陶醉的美丽。三层的是珠式刺绣。博物馆珍藏着土生华人传统民族服饰、丧服，象征着土生华人文化的各式物品等待着您的鉴赏。欢迎来到土生华人的世界。★

在不断推进再开发的新加坡的大
浪潮下，这个地区是按照自己的
步调一路走来的。

China

![中国国旗] 中国

365 天都充满活力的中国城

永远都充满激情活力的中国城。
很久以前从中国来的移民落根于此，使这里得到了蓬勃的发展。

China Town

🚇 MRT 从中国城车站步行 3 分钟，以车站南侧为中心的区域被称作中国城。Basuda 街道、torenga 街道、sumisu 街道作为中心区域热闹非凡。在 Basuda 街道和 torenga 街道，临街家庭商店门前排列着许多小店铺。

1819 年，莱佛士先生来到新加坡两年后，从中国福建省来的移民首次来到这一地区。以华人特有的开拓精神和团结力量建成了这座中国城。经过 190 年直到今天，这个中国城仍然具有压倒性的气势。也成为了占据新加坡人口 80% 以上的华人的聚居地。

粗制的中国杂货，古董餐具，色彩艳丽的中国旗袍，开运物品等等应有尽有。几乎没有空隙的屋檐下商店紧密相连，狭窄的店铺内排列着商品。说着一口新加坡英语的店员们非常热情的在叫卖着商品。只要在这里人就会变得非常有精神，说这里有很强大的力量一点也不假。

只是，千万不要受到这种气势的影响而不讲价就购买商品。据说吉田编辑常常会因为以两倍价格购买商品而苦笑。★

1. 从幼儿园回家的途中，一起玩吹肥皂泡的母子。

2. 沉迷于中国象棋的大叔们，表情非常的严肃。

3. 卖柚子的小摆摊。在中秋节或者中国的正月里，来购买能够带来好缘分的水果的顾客很多。但是需要提醒的是这个时期的价格会上涨将近 2 倍。

4. 如果可以的话请试着品尝一下吧。

支撑着新加坡繁荣的华裔移民的精神

　　希望更多地了解有关华裔移民的故事的我，偶然的坐上了华裔移民后裔所驾驶的出租车，于是我试着问他，"您的祖籍是哪里？"但他回答是"不知道"。仔细听他说，才知道这位司机的父母的确是华裔移民，但很早就去世了。所以他没有关于自己的记忆。也许我提了不太合适的问题。由于自己的无知而反省的我们，向中国城遗产中心走去。听到"历史会馆"这一名称，一般人似乎会皱起眉头，觉得没什么可看的。实际上，这个历史会馆提供了通俗易懂且能够尽情享受的历史文化知识。它把从中国南部来到这里的移民的 50 年代生活状态真实再现，让人有时光倒流的感觉。这里也是当地儿童固定的社会科学参观学习地。那天，也有幼儿园的孩子和小学生来馆参观学

当时的食堂样子，真实再现苦力们的住宿场景，特别打动人心

1. 关于舞狮的明信片 S$0.80
2. 想要把自己的前额放进去装饰一番！刺绣贺卡 S$8.90
3. 画有普通但独具韵味、可爱图案的木质玩具
4. 具有怀旧风格包装的粉扑 S$2.50
5. 编制的小乌龟吉祥物
6. 中国的小布包（5英石）S$2
7. 具有美丽手工刺绣图案的麻制手机带 S$9

Chinatown Hertage Centre 中国城遗产中心

区 C2　地 48 Pagoda St.
电 6325-28/8　时 9:00~20:00（19:00 停止入场）
行 从 MRT 中国城站开始步行 3 分钟
入场券：大人 S$9.80　孩子 S$6.30

习。不仅有华人学生，印度裔、马来裔的学生，还有日本人的孩子们。让人感受到新加坡这个多民族国家宽广的胸怀。

　　参观结束后，也希望大家一定要去附属的商店看一看。刺绣非常美丽的麻制钱包，让人怀念的传统玩具……做好爱不释手的思想准备吧！★

来参观的当地幼儿园的孩子们。

在中国城之中您一定要去游览的地方是熟食小贩中心。从 MRT 中国城车站出来步行 3 分钟就是"中国城综合餐饮中心"。这里聚集着容纳超市以及个人商店的大型建筑，刚刚经过一年半的改装后，具有当地特色的风格也很漂亮。

上了二层就会有扑鼻而来的香味。然后，会有不计其数的小摊贩映入眼帘，非常热闹。在中午的时候想要保住自己的座位都很难。当提到熟食小贩中心的时候，带给人的是一种杂乱的印象，也许会有人觉得不舒服。但是，虽为熟食小贩中心，这里却井然有序。一定不要错过哦。

想要尽情品尝新加坡人无比热爱的大虾面和福建面等大众口味，只要有一些零用钱就够了。★

大众口味 不花钱就可以边走边品尝的

Chinatown Complex Food Centre
中国城综合餐饮中心
C2　2F,335 Smith St
从中国城车站开始步行 3 分钟

超级便宜，超级好吃的香港点心
Hong Kong Dim Sum （#02-100）

在店铺的厨房，有大厨师们从面皮开始亲手制作的点心，每一个只卖 S$1.80! 每一种都非常的好吃。摄影师柳赞叹道："这个价位，这样的美味，具有远道前来的价值"。

麻利的工作不愧是大厨师的手艺。当然做好后也非常的漂亮。

软软的热热的福建面
Yishun 921 Fried Hokkien Prawn Mee（#02-103）

当抬头看墙上的菜单时，就会发现上面有写着"油炸福建大虾面"的大照片。正如其名，这是由中国福建省传来的炒大虾面。将两种类型的面与鱿鱼、猪肉、豆芽、鸡蛋等材料一同爆炒，加入汤料蒸煮后就好了。

在炎热的国度来一碗刨冰怎么样？
Taiwan Sister Mai's Dessert House（#02-132）

不论是小孩还是大人，所有的新加坡人都非常喜欢刨冰。开始的时候我是被它量大而吸引的，但是因为是在一年都是夏季的新加坡，所以很快就会全部吃完。彩色的特制汤汁拥有令人怀念的感觉。慢慢品味的话会变成彩色的水，那也没关系，继续全部吃掉吧。如果对顶层的甜蛋卷壳反感的话，购买的时候可以不要蛋卷壳。

最适合降温的刨冰 S$1.20

出来迎接的平易近人的服务员们说道"哈，日本人么？"

店主亲手制作的超便宜超美味的香港点心
Lau Ba Sa Crab Mixed Nooddies（#02-179）

充分浸入大虾汤汁味道的大虾面，是日本人容易适应的味道。这里是当地非常具有人气的店铺。大虾面的价位有 S$3，S$4，S$5，根据自己的饥饿程度有三种选择。之外，看菜单上的"混合大虾面"S$4，以及"木瓜排骨面"S$3 也让人难以选择。

福建面 S$3，最大量

忙碌的厨房

冰糖果子冻豆花
对身体很好的豆乳点心 Go Go Beanz
(#02-138)

由豆乳做成的健康点心 - 豆花。在这里以图片上的"冰糖果子冻豆花"为首，还有"杏仁豆花""水果豆花"等 13 种豆花可以品尝。每一种都不是特别甜，吃起来很爽。对于在意卡路里的人们也推荐此点心。自制的圆滚滚的豆乳也有 14 种以上可供选择。

印度料理中不可缺少的
蔬菜的蔬菜店和聪明伶
俐的店员

🇮🇳 印度

比印度更印度！？
周日傍晚的风景一定要看

印度裔新加坡人购物、餐饮、祈祷的街道，在周日的傍晚，
就成为了离家在外的打工者聚会的街道。

🚇 以 MRT 从小印度车站到福勒公园车站周边的 Farrer 公园为中心的区域
周六周日到夜里很晚仍然很热闹

1. 露天鱼店老板的出众容貌很像印度电影中的人物。他将非常自满的鱼高高举起摆出了一个得意的姿势。
2. 在 MRT Farrer 公园车站前的广场开心交谈的 3 个印度男性。在车站前的十分宽广的草坪上他们自己喜欢的位置似乎都是固定的。
3. 打折商店的招牌女郎！？她是印度裔新加坡人。

周日傍晚的 Serangoon 街，好不容易再次看到拥挤的步行街

　　"接下来应该是小印度了吧？这里有印度裔新加坡人 6000 人，请不要吃惊。"出租车司机如是说。的确是，在周日的傍晚，从花柏山来到小印度的人毫无疑问应该是观光客人。但是，也没有必要担心。当然也是了如指掌。因为吉田和柳想要为我们展现这个风景。我说道："总之非常具有打动人心的力量，非常厉害"。他们两人表情怪异。我重复说道："总之你去了就知道了。"

　　乘坐出租车在 Serangoon 街下车。已经全是人了。从人行道穿出来进入车道的人也有。全部是印度籍新加坡人，而且只有男人。孟加拉国等南亚国家来的单身打工者们每周周日的傍晚，来到这里与朋友相聚，互相交流信息，相互鼓励。他们把爱人留在故乡，独自在艰难的条件下打工。这也是新加坡的另一面。★

实里尼维沙伯鲁玛兴都庙
Sri Srinivasa Perumal Temple

🅧 D1　🅜 397 Serangoon Rd.
☎ 6298-5771
🕐 06:30~12:00/ 18:00~21:00
🚶 从 MRT Farrer 公园车站步行 3 分钟

登上寺院舞台的女子们，衣服、装扮都无可挑剔！

　　在日本的时候我对自己的宗教观念没有很深刻的认识。但是，在新加坡开始生活以后，经常会被别人问道："你的宗教是什么？"当我回答说"没有宗教的时候"，别人的脸上很多时候会露出"你真没志气"的表情。一个偶然的机会我开始去佛教寺院，并开始有一点自信说自己是"佛教教徒"了。在我所去的佛教寺院里，有一个名字非常饶舌的印度寺院"实里尼维沙伯鲁玛兴都庙"。1855年建成，被指定为国家的重要纪念建筑物。作为佛教徒，不经意间我就来到了这个寺院的脚下。进入寺院的大门脱了鞋子，接着在洗脚处洗脚。然后敲3次在入口处的小钟。回的时候也同样。告诉神灵们自己来了以及走了。这是在多民族宗教国家才会有的寺院巡游。★

印度教寺院里全是神

小印度的里程碑式的存在

在 Mustafa 中心购物时用绷带将购物袋扎紧是为了防止被抢劫。结束购物离开商店的时候，柜台安全人员会帮我们打开绷带。

Mustafa Centre

📍 D1　🏠 145 Syed Alwi Rd
☎ 6295-5855　🕐 24 小时
🚶 从 MRT Farrer 公园车站步行 3 分钟

在参观完寺院后，我们决定去小印度的街道上再购物一次。在 MRT 小印度车站周边有很多游览客人能够轻松享受购物的店铺。购买沙丽服以及旁遮普帮服饰作为纪念也是不错的选择。如果有 2~3 天的话也可以定制。桌布之类的印度棉的商品也种类繁多。我也爱用在小印度拱廊购买的床单。一个月至少去一次 MRT Farrer 公园车站附近的 Mustafa 中心，陈列着以英国为首的世界各国的肥皂、洗发水以及香水的一层卖场是我特别喜欢的地方。

一些不可或缺的商品以及印度首饰等也是礼品的推荐选择。这是一个可以 24 小时不眠尽情购买香辛料，CD 等印度物品的景点。★

陈列着手镯、项链等种类丰富的珠宝

购买印度物品作为礼品

1. 赛巴巴的香 S$0.90　2. 薰衣草香 S$0.70　3. 粉色的拖鞋 S$14.50
4. 印度流行音乐的 CD 价格在 S$7.90~ S$9.90
5. 速食咖喱（烤鸡咖喱）: S$1.90
6. 座蜡 S$1.90　7. 细手镯 4 个 S$3　8. 印度香草香皂 S$0.55
9. 芦荟香皂 S$0.70

Arab

令人震撼的苏丹清真寺。

☪ 阿拉伯

可以一路游览清真寺的伊斯兰街道

虽然这里是以阿拉伯裔移民为中心构建起来的街道,但是现在华人以及印度裔经营的店铺也在增加。正在由"阿拉伯"的街道向"穆斯林"的街道转变。

苏丹清真寺 Sultan Mosque

🆒 D1　🏢 3 Muscat St.　☎ 6293-4405

🕐 9:00~13:00、14:00~16:00 只有周五是 14:00~16:00（只有在周五白天礼拜的时候不可参观）

🚶 从 MRT Bugis 车站步行 10 分钟

我被新加坡人多次问道"在日本有多少穆斯林呢？"在阿拉伯语中穆斯林的意思是"服从神的指示的人"，是虔诚的伊斯兰教徒。虽然我以前也调查过日本的穆斯林人口，但是没有得到具体的数值。

以阿拉伯街道为中心的被叫做甘榜格南的这个区域，连接着新加坡最大的苏丹清真寺街道。这条街道从 19 世纪前半期开始，以经商成功的阿拉伯裔移民发展起来。现在，能经常看到马来裔，印度尼西亚裔等穆斯林拜访朋友和家人，享受购物和美食的情景。在这里，人们有不问宗教互相接纳的宽广情怀。这是因为伊斯兰教已经在这里深深扎根，成为了生活的一部分。作为没有任何的仿造成分的自然景观，是一个令人想要游走一番的街道。★

因具有时尚气息而在观光客中独具人气的 Balestier 大街。

1. 在阿拉伯街道购物的女子。盖头（女子披的头巾）下露出的笑容非常自然美丽。

2. 在 Balestier 大街遇到的男子

3. 胡子非常讲究整洁的商店店长

4. 享受美食的家庭

5. 最喜欢爸爸的男孩

1. 穆斯林的女性们很懂得时尚。很想跟他们学习颜色搭配的要领。

2. 各种不足 16 新加坡元的夏季彩色包。

3. 制作 Teh tarik 的 ISLAMIS CAF 店员。Teh 是红茶，tarik 是指吸引的意思。

令人想要单手拿相机拍照的空间

加入炼乳的甜红茶
Teh tarikS$0.80

我刚刚想要结束在阿拉伯街道摄影的时候，摄影师柳对我说："还想在这再拍一些照片……"虽然这里像是一个被拍照景物吸引人的地方，但是自己想象中的拍照景物似乎并不是很容易捕捉到。给害羞的穆斯林拍照是很困难的。有的人以一种不知道是开玩笑还是真的口吻说道："在店内拍照也可以，但是一张 10 新加坡元。"最近几年，印度裔，华人店主似乎也在增加，而之前是占少数的阿拉伯籍人在这里成功经商，此地也因此叫做"阿拉伯街"。现在，阿拉伯移民的精神似乎仍然存在。虽然对于柳来说似乎像是避难所，但是对于旅行者来说，这是一条具有魅力的街道，制品、伊朗绒毯、丝绸、蜡染等质地华丽的店相互连接，让人为之惊叹！ ★

在阿拉伯街旁边，可以品味水烟的店铺也很多。

新加坡人口的约 13% 是马来裔国民。以前，马来籍人大多住在甘榜格南区域，现在他们的聚集地的中心是 MRTbayaleba 车站周边的芽笼士乃。在这个区域有马来裔人常光顾的市场、小贩中心、购物中心等。这里也是从印度尼西亚出来打工的侍女们的休息场所。到了休息日，她们可以开心的用故乡的语言毫无顾忌地与同胞们交谈。对于马来裔和印度裔来说，这个地区不仅令人心情愉快，而且伊斯兰氛围也很浓厚。我在这想要推荐的是以民族服装的精品店为中心的"Tanjong Katong Complex"。刚刚跨进去的瞬间，就闯入了马来人的世界。你肯定能够找到一件想要回国后穿的派对礼服。★

🇲🇾 马来

马来族群的文化中心地——芽笼士乃

Malay

19 世纪 40 年代穆斯林开始在这里聚集，这之后，马来裔的移民也从甘榜格南来到了这里。

在马来民族服装精品店工作的女子们。我们去的时候她们亲切的告诉我们挑选方式和穿着方式。

如果想要买民族服装的话就来这里吧

聚集有饭店，杂货店，布料店，超市等的"Tanjong Katong Complex"。民族服装多种多样，与其他购物中心情趣不同。

Tanjong Katong Complex

⊠ A4　🏢 845 Geylang Road
🚶 从 MRT payaraba 车站步行 3 分钟

一起购物的亲密四姐妹

特别推荐绿松石的项链、夹子等珠宝。犹如高品位的欧洲风格的设计。

Manggis gallery
曼格斯画廊
🅧 A4
🏠 #03-31 Tanjong katong complex 845 Geylang Rd.
☎ 6844-4430

欧洲风格的时尚穆斯林服饰

曼格斯在马来语中是山竹果的意思。与意大利、法国等的设计师合作，以时尚的穆斯林女性为形象，在巴厘岛的工作室制造出阿里的原创商品千万不可错过。

电影以及店面设置展示其独一无二的魅力

把苏丹王国改装后的博物馆

以前是马来裔中心的甘榜格南地区也有值得一去的地方。在将苏丹王宫（宫殿，甘榜格南）改装后的马来传统中心可以亲身感受并了解马来的历史和文化。

马来传统中心 Malay Heritage Centre
🅧 D1　🏠 5 Sultan Gate　☎ 6391-0450
🕐 周一 13:00~18:00 周二到周日 10:00~18：00
🚶 从 MRTBugis 车站步行 12 分钟。大人 S\$4，7~12 岁的小孩 S\$3，6 岁以下不要钱

一定要在有喷水池和展示物等的内庭园散散步。

Thailand

🇹🇭 泰国

品尝微笑国度的麻辣食物

去看微笑国度的温柔的笑容。拿胜狮啤酒干杯，吃着极好的麻辣泰国料理。

以做饭为乐趣的朋友，每次肯定到这里买菜。据说经营亚洲小商品网上商店的朋友，就是在这里采购泰国小商品然后在日本卖的。

那么，我想做一个小小的提问。这里究竟是哪里呢？这里是 Golden Mile Complex。在新加坡被称为小泰国的非常有名的景区。泰国的超市，菜市场，食堂，

是奥卡玛么？他平常出现的地方都觉得很有泰国氛围。

在食堂工作的泰国员工。是不是家族式经营呢？

Golden Mile Complex

D1　01 Beach Rd.

从 MRT lavender 车站步行 10 分钟

旅行公司，化妆品商店，酒吧，以及迪斯科舞厅等各种各样的店铺均聚集在此。它们唯一的共同点就是"泰国"。

当和编辑吉田见面的时候谈到了这个话题，他非常兴奋。问了一下才知道他是一个相当的泰国迷。据说还懂一些泰国语。有一些非常大胆的见解。

当然即使不会泰国语也没什么问题。在这里，仅喜欢泰国的在住外国人和旅行者就有很多。这里不仅仅是观光客的景点，也是以居住在新加坡的泰国人为中心的商业基地。因此，广告牌以及提示牌等，有很多只写着泰语。★

如果肚子饿了，来一碗泰国拉面怎么样？

可以吃到正宗的泰国拉面。还可以选择面的粗细。

品尝无可挑剔的正宗口味

以泰国著名的三轮出租车 Tuk Tuk 命名的泰国料理店。整洁漂亮，氛围也很和谐，而且还有英语菜单，初来这里的人也不用担心。

Tuk Tuk Thai Kitchen

03-25 Golden Mile Complex

6396-5515

点泰国的基本料理冬阴功以及青番木瓜沙拉。再喝一点拿胜啤酒就更加美味了。

在二层的大型超市可以找到作为礼品的可爱的泰国小商品，价格也适宜。

有齐全的调味料，对于喜欢做菜的人们来说没有比这更开心的了。

1. 最好的红咖喱和绿咖喱，每个 S$0.8。只要有这个就可以再现泰国料理的味道。
2. 泰国碗装拉面一碗 S$1.2。虽然是大腕装，但是却有不错的感觉。
3. 泰国东北地区著名料理鸡肉沙拉口味的百利滋 S$1.2。当然是古利克所制。
4,5,6 柠檬味糖 S$0.5 和日本荷式奶糖 S$0.6，以及巧克力豆 S$0.5。虽然味道很普通，但是泰国字却很独特。

　　在 Golden Mile Complex 享受完"啊，疼，但是真舒服"的泰国传统按摩之后，刺激的泰国料理会让你更加爽快。保证让你毛孔全开并加快新陈代谢。

　　我想向喜欢购物的人们推荐这个礼品搜索地。泰国流行音乐的 CD、非常便宜的衣物，少数民族做的布料、做泰国料理不可或缺的调味料……是泰国商品的宝地。而且大部分商品都比在日本买便宜。肯定能够找到很多给喜欢泰国的朋友们以及自己买回去的东西。

　　当结束购物，发现有很多抱着大包行李的人。据说这里有去往泰国南部的长途巴士。出外打工的泰国人回家的情景和日本一样，是世界共通的。★

Philippines

幸运广场的直梯在周日也满是菲律宾女性。

菲律宾

菲律宾女性的星期天乐园

可以找到同乡的朋友，故乡的味道，以及用惯了的化妆品的菲律宾女佣们聚集的小菲律宾。

幸运广场 Lucky Plaza

🚇 B1　🏢 304 Orchard Rd　☎ 6235-3294

🕐 各店铺不一样　🚇 从 MRT Orchard 车站步行 3 分钟

在星期日的早上，在从新加坡各地来到 Orchard 的巴士中，交杂着他加禄语。每一辆巴士中都坐满了 20 岁到 40 岁的女性们。她们当中的大多数是住宿女佣。非常遗憾的是我们完全不懂他加禄语。但是通过表情和笑声传达着欢快的气氛。漂亮打扮，戴着首饰的这些女子们所去的地方叫做"幸运广场"，是 Orchard 购物中心。因为以前这里住着新加坡人的朋友们，所以不知从什么时候开始，菲律宾的女佣们也都聚集到这里来了。现在说到"星期天的幸运广场"，谁都知道是指菲律宾人的聚会场地。菲律宾的化妆品，小商品，CD 等等，以她们为中心的店铺也在与日俱增。 ★

1. 用他加禄语写的浪漫小说很受欢迎。
2. 在菲律宾流行音乐 CD 影碟店，也有菲律宾男性店员
3. 在幸运广场的长椅上尽情聊天的菲律宾女子们，从她们的表情之中可以看出大家都非常开朗，没有任何厌倦之色。

珠宝店因年轻女士
们而非常热闹。

在菲律宾土特产店里
买点些土特产似乎也
很不错。

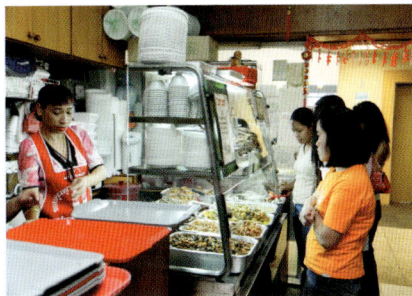

1. 炖菜是菲律宾的家常菜
2. 在玻璃柜里放着看似好吃的菜。因为点菜只是通过手势来表示，即使语言不通也没关系。
3. 在店前有客人排队的人气小店。

擅长做菲律宾的家常菜

在 Lucky plaza（幸运广场）散步，可以看到因菲律宾人而格外热闹的食堂。进入后和店员聊天，平易近人的店员告诉了我们很多。这里充满菲律宾的感觉，使旅行者心情舒畅。

Pilipino Caffe
❌ B1 🏬 #04-44 4th Floor Lucky Piaza

不是观光景点，正因为如此所以很有趣。

在新加坡，做女佣工作的外国女性必须接受每半年一次的妊娠检查。如果妊娠检查结果为阳性的话，马上遣送回国。雇主也会被处以罚金。

有调查指出，在新加坡生活的菲律宾人有 15 万人以上。大多数为女佣。她们都擅长英语，而且因为大多数为基督教徒，所以没有什么在宗教上禁止的食物，什么料理都可以做。也以热情待客的民族特性而具有人气。因此，人们对她们的评价非常好，一般也比别的国家的女佣租金高。这些女子们的专有休息空间就是星期天在这个幸运广场与朋友相聚、购物。很多人都把孩子留在家乡，自个儿在新加坡挣生活费和教育费，肩负着很大的责任。尽可能的省吃俭用给家里寄钱，为了将来而攒钱。一定要来这学学这些女子们的精明的购物技术。★

吃

中华料理，马来料理，意大利料理……
那么，今天我们吃什么好呢。

Eat in Singapore

元祖辣椒螃蟹不仅
仅是辣还有甜味酱，
这是它的特色。

品尝名吃辣椒螃蟹

　　说到辣椒螃蟹，是指新加坡有名的海洋料理。将大螃蟹煮后，浇上足量的辣汤汁，是一道给人以爽快感觉相当美味的料理。我也在新加坡很多地方品尝过，在我去过的地方最喜欢的还是 Roland Restaurant 的辣椒螃蟹。

　　1956 年，在加冷河沿岸的流动小餐厅"棕榈滩海洋餐饮饭店"，辣椒螃蟹诞生了。虽然是一个只有两张桌子，使用油灯照明的小餐厅，但以辣椒螃蟹为主，提昂夫人研制的海洋料理受到好评，从此小餐厅规模扩大移转到了勿洛海滩。在提昂夫人与丈夫李氏共同努力经营下，迅速成长为有名的餐厅。但是，由于疲惫于过度繁盛的经营状况，1986 年，夫妇俩将餐厅关闭，带着儿子们移居到了新西兰。那个时候夫妇俩将店面的经营权卖掉了。移居之后，在一家人过着平稳生活的某一天，长子罗兰度做出了一个决定。"我不想让母亲所做料理的味道消失，我想重建父亲的餐厅。"由这位罗兰度所重建的海洋料理，广东料理，点心餐厅就是这里。在这里有可能遇到一年会来这里 4 次的知名美食家新加坡前总理吴作栋。★

Crispy Baby Squids
（酥脆小乌贼）
（油炸荧乌贼 S）S$12（小

House Special Black Sauce Prawns
（家居特殊黑汁对虾）
黑汁对虾 S$20，（小）

Crispy Crullers
油炸乌贼肉糜卷

浇有辣椒螃蟹汁的小
面包 一个 S$0.35

名人也常来的名店中的名店

店主罗兰度夫妇与弟
弟理查德夫妇经营的家居式
餐厅。能容纳 1100 桌的餐
厅内总是有很多的客人，非
常热闹。政治家，艺人等老
顾客也很多。创建辣椒螃蟹
之母的 76 岁的母亲提昂也
会在周末来店里帮忙。

Roland Restaurant

⊠ B4 🏠 Block 89 Marine Parade Central, #06-750

☎ 6440-8205

🕐 11:30~14:30，18：00~22:30

🚗 Parkway Parade Shopping Center 旁边的停车场大楼 6 层。

1

2

1. "Shredded Meat with Bun"（一个 S\$2.80）是在油炸面包里夹上猪肉肉丝吃的料理。

2. "Purpkin Cream with Ice Cream"（S\$4.80）用餐结束后的甜点

福建省，莆田地区的炒米粉

　　在莆田饭店可以品尝到莆田料理。具有非常纤细的味道，与中国其他地方的料理不同。在小印度的淡滨尼广场也有它的店面，我们推荐您在购物的同时前往滨海广场的店铺品尝炒米粉。

Pu Tien Restaurant
滨海广场店

🗙 D2　🏢 6 Raffles Boulevard,#02-205 Marina Square
☎ 6336-4068
🚶 从 MRT city Hall 站步行 10 分钟。

以玻璃为主的店内装饰让人有一种清澈感，女性顾客也很多。

炒米粉 S\$6，具有清淡的味道。肉筋大虾也非常的美味。

在公团住宅的隐藏名店品尝麻辣大虾和柠檬鸡

　　我的一位美食家朋友为我介绍了这家店以后，我已经在这里吃了 3 年了。因为它不在繁华街道，而是在 HDB（公团住宅）的二层，因此很少能够看到游览观光客人。但是，作为麻辣大虾和柠檬鸡的名店，来这里品尝的不仅仅是当地人，在住的日本人和欧洲人也有很多，而且欣喜于可以自带红酒。

1

2

1. 最受日本客人欢迎的就是这个麻辣大虾。大虾和油炸什锦的搭配非常绝妙。

2. 柠檬鸡受到了当地新加坡英文报的知名记者的大加赞赏

3. 放入了足够蟹肉的混炒豆腐，非常美味（S$13）

4. 开放式的店内通风非常好，特别是吃晚餐的时候令人心情愉悦

3

4

通过娘惹料理了解土
生华人文化

大烩菜，娘惹料理 Chap Chy（S$12）

油炸鸡肉糜和大虾肉糜 Ngoh hiang（S$12）

蟹肉鸡肉丸子汤 Bakwan Kepiting
非常美味（S$8）

True Blue Cuisine

区 C2

地 47/49 Armenian St.

☎ 6440-0449

营 12：00~14:30 18:00~21:30

行 从 MRT city Hall 车站步行 10 分钟

　　《小娘惹》这部电视连续剧在新加坡一度热播。最后一集的收视率达到了 33.8%，创造了电视连续剧的收视率最高纪录。由于它的影响，最近以娘惹料理为主的土生华人文化再一次受到了关注。土生华人文化是指在 14~15 世纪，从中国南部来到马来半岛的人们的子孙以及他们所带来的文化，是中国，马来，荷兰，英国等各种文化相融合的独特的世界。土生华人的女性——娘惹所做的料理就是这个象征。在中华料理中使用马来、印度尼西亚的调味料，把印度、泰国的烹饪方法也加入了其中的混合烹调法。如果要去娘惹料理店的话，首选具有气氛，服务好，味道独特三合一的土生文化博物馆旁边的"True Blue Cuisine"。舍得奢侈消费的土生华人美食家们，在这里可以简单享受一番了吧。★

寻找时尚的马来料理店！

融合马来文化和历史的阿拉伯街道附近的"马来遗产中心"。来到这里后有一家值得你驻足的店铺，就是"Tepak Sireh"，是少有的在改装后的时尚豪宅的和谐气氛中，可以品味马来料理的店铺。事实上，在导游图书中从来没有看到关于它的介绍。这是为什么呢？我一直觉得很不可思议。对于中国人，法国人和意大利人来说气氛非常和谐的店铺有很多。但是，对于马来料理，反而意外的很难找到气氛和谐的店铺。

来到这家店的顾客通常会被介绍到一层的桌席或者外面阳台的席位。但是，强烈推荐您上到二层来看一看。肯定会有一个非常宽广的空间映入您的眼帘。一个可以令人放松的豪华空间，一个让人仿佛被邀请到了苏丹豪宅的地方。★

从 Sultan Gate 和 Kandaha St. 都能进入豪宅。

Tepak Sireh
🗺 D1　📍 73 Sultan Gate
☎ 6396-4373
🕐 星期一到星期六 12:00~14:30 15:00~17:30 18:30~22:00
🚶 从 MRT Bugis 车站步行 10 分钟

二层一个角落里的美丽的内部装饰。如同日本的座椅可以让人放松休息。可以包租。

沙爹烤肉串 S$7
特制的花生酱非
常美味

咖哩豚骨和牛肉，尼泊尔风
味的蒸饺子（MOMO）也
很美味。

我们推荐二层，到了晚上脱了鞋可以充分放松的同时还可以品尝水烟。

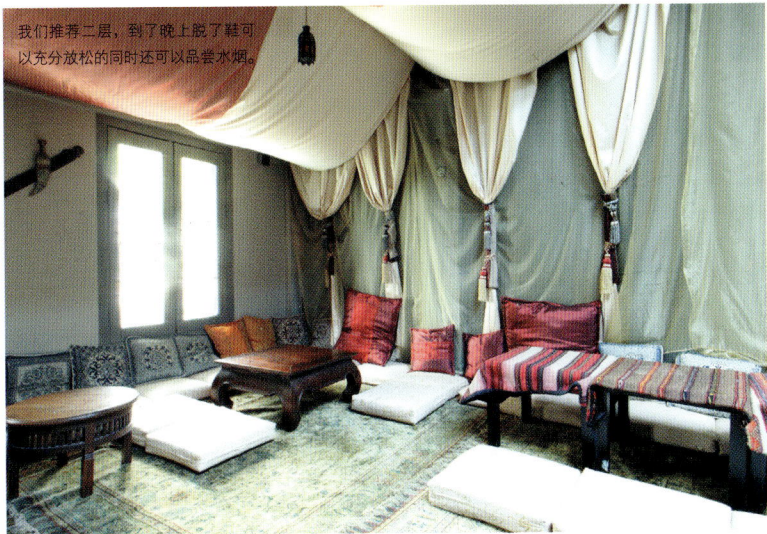

可以吸水烟的阿拉伯午餐

套餐外加 3S$，就可以品尝喜欢的自助软饮料

30 年前我住在那的时候，一提到"阿拉伯街道周边"，还是有一种吵吵嚷嚷的印象。但是，现在鳞次栉比的排列着 select shop（选择购物店）、咖啡店以及古董店，大变身成为了以 Bali lane street 为中心的聚集知识精英的时尚地区。

在这周边游览的时候，有一家需要前往的午餐店——阿拉伯风味餐厅 & 酒吧—Nabins。"为什么是午餐呢？"，因为这里非常的实惠。（笑）每天固定都是 S$90，就可以品尝每日更换的午餐。如果是周六来的话，可以品尝到羔羊肉、印度大米和尼泊尔风味汤的豪华套餐。经营旅行社的店长 Nabins 是尼泊尔出身的亲日者，虽然很年轻但是访日经验却很丰富。想要和只会只言片语日语的店长聊天也是来这里的理由之一。★

Nabins

D1　27 Bali Lane

6299-3267

午餐时间是 11:00~14:30

从 Bugis 车站步行 8 分钟

新加坡香格里拉酒店的河野笑着说道："虽然开店已经 4 年了，托您的福，一直持续保持着每天来店客人数 1000 名以上。""The Line"是一个立餐（站着吃饭）餐厅。建筑设计师是阿达姆 D. 提哈尼。他是一位建筑家，其设计的香港置地文华东方酒店（Landmark Mandarin Oriental）、珠宝店以及弗莱德雷顿 NY 本店等酒店和店铺具有超凡的魅力。

在现代略显酷的室内装潢的店内，有海鲜、点心、汤面等共计 16 个各具特色的厨房。可以向厨师点餐的包间也有很多，顾客可以尽情享受。

河野的话语让人印象深刻，他说道："虽然是立餐的形式，为了每一名顾客都能够以最好的状态用餐，我们都非常用心地做着料理。"★

饭店内部装潢也值得一览的立餐

The Line（香格里拉酒店内）

区 B1

地 22 orange Grove Rd ☎ 6213-4397

从 Orchard 乘车约 5 分钟

注：早上 S$37，周一到周五 S$41，周六日与节假日白天 S$68，夜晚 S$65

周六日的午餐时间特别受欢迎，最好能提前预订。

购物的同时也可以填饱肚子

Food junction（饮食大汇合）
（Great world city 店）
⊠ B2 ⑭ 1Kim Seng Promenade, #B1-
15Great world city
☎ 6736-2030
🚌 在 Orchard road Marriott Hotel 前面的
公交车站有免费的班车。乘坐出租车的
话大约需要 5 分钟。

　　如果想切身体验一下新加坡丰富的饮食，首先应该去一下当地的美食城。最好的选择就是去小贩中心（hawker center）和饮食购物中心（food court）。对于初次到新加坡旅游的人来说，与其去 HDB 地区没有空调的小贩中心，还不如去大多配有空调的饮食购物中心（food cout）。

　　Great world city 购物中心在离 Orchard 非常近的里巴巴地区。在地下有（food junction）饮食大杂烩。★

　　这个饮食购物中心（food Court）在 2007 年 10 月重新装修后开业，其设计创意为"世界地图"，表示经度和纬度的设计以及彩色的座位与以往的只有单一图画的 food court 不同，创作独具特色。

　　在里巴巴地区，日本人居住最多。也许正因为如此，经常能够看到日本驻新加坡人员的妻子们。在周边也有欧美企业的办公室，也可以经常看到欧美商务人员的身影以及在那里工作的白领的身影，这也是本地区的一个特点。在这些人群之中，到了午餐时间也夹杂着很多日本观光客人，如日本大型旅行社的观光团队。但是，遗憾的是，他们似乎对订餐方法和料理知识知之甚少。我们会在下一页介绍推荐的菜单，希望可以为您提供参考。★

蘑菇奶酪味的印度煎饼（上面配有咖喱薄饼）价格是 3.5 新加坡元。

这是我的固定午餐——叉烧混沌面
S$4.80

用蒸笼蒸的小笼包 6 个 S$5.50，拿出来后立刻就想
放到嘴里，与右边刀削面属于同一家店。

一定要品尝一下点餐后由大厨们立刻开始削面的刀削
面。牛肉面食 5.80 新加坡元。其他的鸡肉面和猪排骨
面也有。

边逛边吃的好滋
味美食

这里还有非常少有的意大利
面店，最受欢迎的是番茄酱
意大利面 S$8.90

鸡肉饭×青菜×汤×米
饭的套餐 S$6

新加坡关东煮？永祥新豆腐。自己选择喜欢的七样东
西 S$4.20。如果加上各种面或者米饭的话加 S$0.5.

大受好评容易上瘾的味道，印度尼西亚料理烤翅
S$5.50，在纳西帕担店品尝

纸质三角巧克力是非常好吃的点心 S$2.80。
虽然看着敦实，质地却很薄哦。

放有 XO 白兰地的特别肉骨茶 S$8，虽然相比其他的普通料理
价格高一些，但是它的香味独具特色。

1. 人气很旺的美食店。等待点餐的人络绎不绝
2. 虽然半生的鸡蛋与咖啡的套餐比较普遍，但是也可以单点

卡椰烤面包与咖啡搭配的早餐

Ah Mei Café（PARAGON 店）
区 C1　地 290 Orchard Rd. #B1-37/38 Paragon
行 从 MRT Orchard 车站出来步行 5 分钟

　　新加坡人的固定早餐是卡椰烤面包。卡椰烤面包是一种在松脆的烤面包上加上足量的黄油和卡椰酱的简单料理，由鸡蛋、椰奶、香兰叶、砂糖做成的卡椰酱混合而成。虽然每个店的口味不太一样，但是，如果是新加坡人的话，一定有自己必去的店。虽然我不是新加坡人（笑），但是我也有我自己喜欢的味道。这就是 Ah Mei 咖啡店的卡椰烤面包。这次，想要带不太喜欢甜食的柳去吃虽然有点困难，但是，既然已经来了新加坡，不去吃卡椰烤面包的话就太遗憾了。而且，柳意外的全部都吃了。An Mei 的实力令人恐惧啊。现在已经开设了 12 家店面了，其中最便利的还是 Orchard 的 barakon 店。买一些卡椰烤面包作为土特产吧。★

咖啡一般 1~1.6 新加坡元左右

因为全年都是夏天，甜品容易使人上瘾

　　在新加坡提到咖啡，是指加入加糖炼乳的咖啡。一开始可能会觉得特别甜，但是习惯了以后会不会上瘾呢？在全年都是夏天的新加坡，总是会出汗，因为炎热也会消耗体力，所以甜品是必需品。这之外，只有咖啡与砂糖的情况下叫做"kopio"，咖啡与不甜的牛奶（浓缩炼乳）称为"kopic"，黑咖啡叫做"Kopio Kosonn"。

我以前为了找到好吃的比萨费了不少力。幸运的是，由于意大利本地的大厨们也逐渐来到了新加坡，烹饪水平得到了很大的提高。但是有一点不好，就是欲望会越来越高。以前会说"即使贵也想吃好吃的比萨，但是现在我觉得价格贵好吃是理所当然的！"这个开先河的地方就是朋友给我介绍的这家店。现在，不再是必去的饭店，而是变成了必去的小摊。地点是 beauty world centre，一个非常当地化的购物中心。7寸混合奶酪比萨和夏威夷比萨6新加坡元，简直就是小贩价格。而且味道也很好。之外，菠菜法式薄饼居然也在菜单之中，询问了一下，店长据说是意大利人。小贩也进化了啊。★

街边小摊的正宗比萨

CASTEL SFIGATO PIZZA & PASTA
A4 144 Upper Bukit Timah Rd.#04-47
Bea uty World Center
6402-0898 11:00~21：30
MRTkurementy 车站乘坐出租车或者公交车约
7~12 分钟。离新加坡最高峰武吉知马山很近。

购

不论是对 Gucci 还是对 Prada
都不感兴趣。
志在购买实惠的品牌。

Shopping in Singapore 在新加坡购物

不喜欢所谓高级时尚品牌的人们，请注意新加坡的品牌喽！有些时尚品牌即使把范思哲的侄女选为特邀设计者，或者进入了欧洲珍藏品展览会也不足以成为了不起的盖茨比的话题。而新加坡的当地品牌却可以进入了不起的盖茨比的头条。特别是便宜的设计感很强的女鞋，品牌很多也很受欢迎。

给引人注目的新加坡本土品牌注入力量的百货店伊势丹，特别是 Scotts 店，购物的观光客特别多。我消费最多的百货店在这里也有（笑）。不光是本土品牌，来自中国的最新品牌和还没有在日本登陆的大众品牌等，都在新加坡这个领导时尚的国家获得青睐。首先从地理位置优越的伊势丹 Scotts 开始购物观光吧。

世界标准的新加坡品牌

超凉快的黑色凉鞋。
前面的 S$35.30，中间的 S$41.90

圆形亮片手袋 S$49.30 感觉挺高级

无袖连衣裤
S$73.90 红色
上装 S$17.30

单调又酷的 m)phosis

在新加坡伊势丹管理着女装部的年轻女性部长荻夜理沙推荐的新加坡本土品牌是 m)phosis。

m)phosis（伊势丹 Scotts 店）
B1　Orchard 街 350 号
伊势丹 Scotts 2 层
6733-1111
10：00 至 21：30
MRT 从 Ochard 车站步行 2 分钟

了不起的盖茨比店铺：服装设计以 30 岁女性为中心，涵盖大多数其他年龄层。

城市女性的导演

　　新加坡的了不起的盖茨比（alldressedup）。目标消费群为都市女性。以色调设计为特色，与附属饰品和手袋等一起搭配。

（右图）手袋，从前面开始 S$379、S$379、S$439
（参考价格）
（上图）左边连衣裙 S$599，项链 S$189，右边罩衫 S$199

了不起的盖茨比 alldressedup
（伊势丹 Scotts 店）

🚇 B1　🏢 Orchard 街 伊势丹 Scotts 二层
☎ 6235-7123　🕐 10：00~21：30
🚶 MRT 从 Orchard 车站步行 2 分钟

给人以日本浴衣那种感觉的
和式印花夏季女装

FOND（Great world city 店）

B2

#01-64/65 Great world city 1 Kim
Seng Promenade

6400-6953

11：30~21：30

从 Orchard 街 万豪酒店前的公交车
站有免费的区间公交车。或者乘坐 5
分钟的出租车。

使用尼泊尔纺织品面
料的和服样式连衣裙
S$75

亚洲风格的礼物

　　新加坡的设计师创作的各种各样的作
品与日本最初的亚洲趣味创作格调集结了
亚洲混合风格。如半袖的衬衣、手袋等男
性用品。

泰国丝绸制的独
特手袋作为礼
品也是不错的。
S$29.9~ S$36

装饰花是特色！系带凉鞋 S$9

会使腿显得更长！楔形底凉鞋 S$9

便宜且高品质

特别受欢迎的新加坡本土品牌 Charles & Keith。Anchorpoint 店是直销店，全部商品以超低价格销售。设计新颖，如果尺寸也合适，一定要购买。

正在流行的女士手包 S$30.70（通常 S$43.90）

充满海洋气息的女士浅口皮鞋，有红色和蓝色两种颜色。S$16.90（通常 S$39.90）

CHARLES & KEITH

Charles & Keith 工厂直销　Charles & Keith Factory outlet（Anchor-point 店）
A2　#01-30/31 Anchorpoint 370 Alexandra 街
6472-6937　10：00-22：00
MRT 女王镇车站出发乘坐出租车 3 分钟

色彩丰富和刺绣是南方国家的情调

我最关注的本土品牌是 ˝utopia˝。独特的蜡染和珠串刺绣所组合起来的美丽的异国情调是设计的特点。Bussorah St.、Vivo City 也有店铺。

utopia

utopia（Parkway Parade 店）
D4　#02-63 Parkway Parade
6344-3546　11：00~21：30
MRT Sengkang 站或者 Bedok 站出发乘坐每 20 分钟一趟的免费接送公交车

筒状弹力胸衣 S$39。珠串刺绣的蜡染裙子 S$49。花边和蜡染组合的个性连衣裙 S$89

让人感到意外的是，没有在日本销售的大众品牌大多数都进入了新加坡。与香奈儿、爱玛仕、古驰等原有的高级品牌相比，不仅价格适中，而且流行感十足。在日本商店没有被先进感吸引的我，不论说什么都可能是追星族。（笑）

2009 年 4 月刚刚进入日本市场的美国前卫设计品牌 FOREVER 21 也早已在新加坡上市。这次介绍的除了英国的 Miss Selfridge、法国的 Promod、以色列的 Fox 外，还有 River Island、Massimo Dutti 等在新加坡有但在日本尚未上市的品牌,这样的品牌数不胜数。所以我要向大家推荐如何在新加坡进行品牌购物。

瞄准尚未在日本上市的大众品牌

巴黎妇人的日常外套

从巴黎来的大众品牌。日本的狂热支持者在不断增加！加入东洋风格精髓的女性款式最为抢手。不愧是掌握流行趋势的同时又具有新颖的灵感品牌。

1. 头巾，每个 S$34.90　2. 和服风格的连衣裙 S$89.90 3. 罩衫 S$99.90，裙子 S$69.90
4. 薄荷色的连衣裙 S$119.90　5. 东洋风格的连衣裙 S$99.90

Promod (PARAGON 店）

🗺 C1　🏢 #3-15/16 paragon 290 Orchard 街
☎ 6836-6100　🕙 10：00~21：00　🚇 orchard 车站出发步行 5 分钟

伦敦青年的御用商人

英国的 TOPSHOP 里排列着受人欢迎的大众品牌。不仅有外套，还有手袋、首饰、鞋等，种类丰富，可以轻松享受整体搭配的快乐。

Miss Selfridge (PARAGON 店)

⊠ C1

🏢 #3-15/16 paragon290 Orchard 街

☎ 6836-6100

🕙 10：00~21：00

🚶 orchard 车站出发步行 5 分钟

在招人可爱的设计中有一点忽隐忽现的朋克味道的可能是伦敦的品牌。

FOX (Ngee Ann City 店)

⊠ C1

🏢 391 Orchard 街 #B2-34/35 Ngee Ann City

☎ 6737-8303

🕙 10:30~21:30(周五 周六营业至 22:00)

🚶 orchard 车站出发步行 5 分钟

剪裁独特的 T 恤衫 S$29。不同颜色 (推荐黄色) S$79

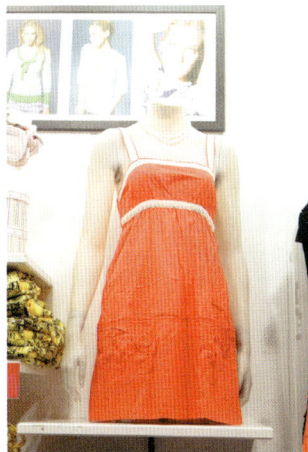

珍贵！以色列的品牌

以色列的美国风格休闲品牌。有婴儿、小孩、女士、男士等不同产品。全家都能享受到时尚。仅仅在新加坡就开设了 18 家门店，受欢迎程度可见一斑。

79

嵌入了金属质地的品牌 log 的各种皮带

MANGO 男士产品线

　　西班牙来的大众品牌"MANGO"男士产品。"MANGO"在日本算是很受欢迎的品牌，但是男士产品并未在日本销售。

零钱袋、卡包、钱包等小物件很丰富，推荐作为礼品。

HE Homini Emerito by MANGO（伊势丹 Scotts 店）

区 B1　　350 Orchard 街 伊势丹 Scotts 三层

6733-1111　　10：00~21：30

MRT Orchard 车站出发步行 2 分钟

男装之外，女装和童装也有销售。T恤衫 S$16.90

直销价格的高质量T恤衫

想选购喜欢的便宜男士产品，可以去直销店。有名的休闲品牌的T恤衫、下装等都很便宜。还可以偶尔买到 Hollister、Abercrombie & Fitch、H&M……等品牌的便宜货。

FOS（Harbourfront Centre 店）
#03-44/45/46 Harbourfront Centre
6273-8068　11：00~21：00
MRT Harbourfront 车站旁边

绿色的运动夹克 S$119、条纹裁剪缝制的衣服 S$79、鞋 S$99、包 S$49、帽子 S$29

来自西班牙的价格实惠的休闲品牌

1988 年建立的男装休闲装的品牌。设计时尚又具有令人惊讶的合适价格使它快速成长。2006 年开始推出女装产品线，博得好评。

Springfield
（伊势丹 Scotts 店）
B1　350 Orchard 街 伊势丹 Scotts 三层
6733-1111　10：00~21：30
MRT Orchard 车站出发步行 2 分钟
女装在伊势丹 Orchard 店销售

流行颜色 —淡粉色的衬衫 S$89

Orchard 的 wisma atria 店内样子

UK 大众品牌的衣服深受成熟女性的喜欢。

在 UK 的大众品牌中价格设定稍高。但是比其他的东西品质高设计好，受到女性的欢迎。非常适合不乏优雅且可爱的成熟女性。

WAREHOUSE(wisma atria 店)
- B1
- #02-54-61 wiana atria 435 orchard RD.
- 6836-3953
- 11：00~22:00
- MATorchard 车站步行 1 分钟

来这里，中国品牌
附有 JUST NATURALY BE YOURSELF 等各种文字的品牌，以重视凸显自身价值观的自然型女性为对象。

JNBY SINCE 1994(伊势丹 Scotts 店)
- B1
- 350 orchard RD, isetan scotts level 2
- 6235-7123
- 10：00~21:30
- 从 orchard 车站步行 2 分钟

米黄色的半袖裁剪和缝制以及白色的大圆领女背心套装 S$169，蓝色的衬衫 S$159。

来自英国的简单性感

还没有登陆日本，仅在英国就有 600 家以上精品店的高人气品牌。在新加坡有 9 家店铺。衣服以及首饰品都非常便宜且可爱。

短项链和耳环的配套
S$29

DOROTHY PEAKINS(Great world city 店)

⊠ B2　🌐 #01-39 great world city 1 kim deng promenade
📞 6735-5657
🕚 11:30~21:30
🚌 在 orchard road Marriott hotel 前的公交车站有免费的班车

项链和耳环的配套 S$26

1. 灰色加粉红色图案的紧身短大衣
S$46
2. 流行色调的浅口高跟鞋，吸引人的孔雀蓝 S$56

弥漫着高级氛围的购物中心 "PARAGON"。对承租者的检查非常严格，所以它的质量很高。⊠ C1

Orchard Scottsroad 的边上有 "伊势丹 Scotts 店"。那里有当地品牌以及大众品牌。⊠ B1

深受在住日本人欢迎的购物中心 "great world city"。也有 ZARA 以及 Esprit 等品牌。

深受新加坡人欢迎的大型购物中心 "Ngee ann city"。⊠ C1

四大购物地点

时尚新加坡游的推荐地

如果想要尽情地欣赏新加坡本地的品牌以及日本还没有的大众品牌，这四个购物地点就再好不过了。这四个购物中心紧凑，没有时间也不用担心。

83

在亚洲选择北欧的商品

　　"新加坡的杂货＝亚洲的杂货"有这样印象的人不是很多吗？但是，新加坡也可以说是北欧杂货的热潮聚集地吧。在不久之前，装饰装潢大多是模仿意大利、美国的搭配吧。但现在情况已经有所变化。趁此风潮，开始卖挪威以及丹麦北欧家具的店多了起来。

　　其中,我特别喜欢一家叫"ZONE"的家居店。这是一家卖独创的餐具以及厨房杂货,浴室用品,文具等的丹麦店。它们（店里有）从简单的到高功能且温馨的商品。这些都是我喜欢的,经常在不知不觉之中忘了时间而待在那里很久。喜爱厨房杂货的编辑吉田也喜欢采访这里。一定要和你推心置腹的搭档去看一看啊！

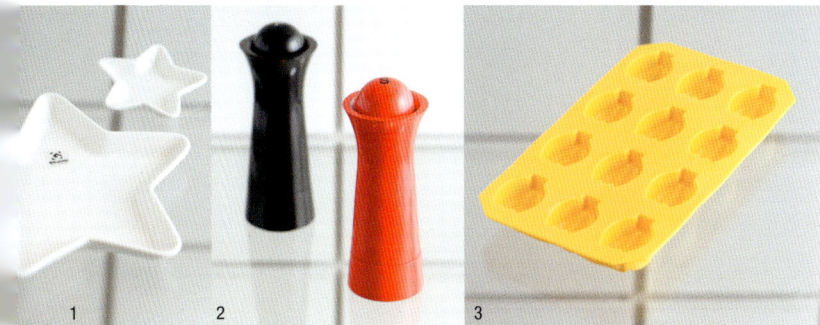

1. 星形小盘子 大的 S$8.5 小的 S$3,5

2. 食盐、花椒盒 每个 S$76

3. 香蕉形状的冰块模型 S$4.50

4. 小毛巾每个 S$8.50

5. 玉米盒子 S$8.50

6. 七星瓢虫厨房用计时器 S$6.50

7. 米老鼠形状的香皂盒子 S$18.50

8. 开瓶起子 S$38 红酒瓶起子 S$22

9. 花型垫子 每个 S$14.50

ZONE Denmark (great world city 店)

⊠ B2　🏢 #02-16 Great world city 1 Kim seng promenade

☎ 6734-8026

🕐 11:30~21:30

🚌 从 orchard road Marriott hotel 前的公交车站有免费的班车

新加坡有很多日本人，他们回国的时候购买的土特产是 bengawan solo 点心。虽说是点心，却是狮形的饼干以及巧克力之类的，都非常的脆。Bengawan solo 是以娘惹点心为中心同时也经营面包、蛋糕等的知名蛋糕连锁店。它非常受欢迎的原因是种类丰富，而且具有纤细的味道。

Bengawan solo 是指歌唱加瓦岛 solo 川的印度尼西亚歌曲。1973 年从印度尼西亚来到这里的 Anasutasia 在 1979 年和丈夫结婚后在公共住宅的小厨房开始了他们的经营。现在已经成长为具有 43 个连锁店的品牌了。即使是这样，母亲在厨房给我做的令人怀念且有温馨味道的 bengawan solo 是我最喜欢的。

令人欣喜的土特产

Bengawan solo (anchorpoint 店)
A2
#01-01Anchorpoint370 alexandra RD.
6471-8783
10:00~21:30
从 MRT cuinnsdown 车站乘坐出租车约 3 分钟

各种饼干组合，盒子也非常可爱！
S$14.9

新加坡的虎标万金油

熟悉的虎标万金油，比在日本销售的产品功效强。

往太阳穴上涂抹的 AXE brand oil

推荐由惠华社生产的新产品强力软膏

针对肌肤疼痒以及蚊虫叮咬的"均隆"，配有蓝桉油

在哪能买到？多少钱？

每个都是中国的中药，在超市就能买到。价格因瓶子的大小（容量）以及各店铺都不一样，但是大概在 S$1~S$6 左右。

"老虎万金油"是我的恩人，也许这么说有一些夸张，但是这个软胶囊确实帮了我很大的忙。

这还是我当小学生的十年前，小提琴发表会当天早上发生的事情。当想要起床的时候发现脖子特别疼痛！我觉得是落枕了。因为脖子特别疼没有办法向左动。而小提琴是需要用左脸颊和肩来夹持的，因此我连乐器都无法夹持。正在毫无办法的时候，突然想到了老虎万金油，我勉强地在脖子和肩膀上都涂上了老虎万金油。过了一小会，虽然还有一点疼痛，但是可以活动了。当然，发表会也顺利的进行了。从这天起，我就一直常备着老虎万金油。最近我也开始扩大收集范围，准备一些其他的软膏和油。虽然包装有点奇怪的东西多了点（笑），但是效果却是最佳的！

似乎很有效果的草药
糖

当地版沙拉味道的杯装方
便面

BOA 公司的速溶冰香橙茶

真空包装的卡椰酱，很轻，
不膨胀 S$2.10

在超市买这买那

　　旅行的时候，一定要去旅游国度的超市！这样说的人应该有很多吧。确实是没有比超市更有意思的地方了。在以一种与观光游客 180 度大背离形式经营的超市中，我们可以领略到在这个国家生活的人们的真实生活。在超市中几乎看不到只考虑包装和追求利益的商品。因为即使有这些商品也是卖不掉的。

　　因此，一定要在旅行地逛超市。特别是在新加坡，每一家超市都非常规整明码标价，所以即使是初来者也可以安心的购物，这也是它的魅力所在。

　　即使把卡椰酱，糖，方便面以及调味料等……许多东西都放进购物筐也不用担心会超过预算。作为土特产当然要买，同时作为回国后用作纪念的商品最好也购买一些。

NTUC FairPrice（Orchard Grand Court 店）

⊠ C2

🏠 #01-01/02/03 Orchard Grand Court 131 Killiney Rd.

☎ 6734-4450

🕐 08：00~10:00

🚶 从 MRT summercenter 车站步行 5 分钟

Cold storage(Great World City 店）

⊠ B2

🏠 #B1-18/19 Great World City 1Kim Seng Promenade

☎ 6735-4730

🕐 09:00~22:00

🚶 在 Orchard road Marriott hotel 前 的公交车站有免费的班车

"血液潺潺流淌，对胃很好" 山楂球 S$2.14

非常有效的金嗓子喉宝 S$1.80

Sugarfree 糖 S$1.75
百香果的味道

用热水一冲即好的黑芝麻糊 S$2.20

海南鸡肉饭酱料 S$1.68

89

游

欣赏被绿色包围的自然，笑脸归来

Play in Singapore

被称作花园城市的理由

　　以花园城市著称的新加坡，真正用心欣赏这个国家的绿色美景的游客能有多少呢？去新加坡的时候，非常希望您能够留意一下繁华街道的树木以及公园的花草，感受一下周围新鲜的空气。在这个每天最高气温略高于 30 度的国家为什么还能心情愉悦的散步呢？它的答案就在于这绿色之中。树荫可以遮挡强烈的日光，给我们带来清爽的凉风。

　　早上与傍晚在植物园散步的新加坡人很多。大家的目的各不相同，有些人为了健康，有些人为了欣赏景色，而另一些人是为了与朋友和家人交流。目的地，以及行走的速度各不相同。我的目的地，就是这个生态湖，是一个在水边聚集着鸭子和白鸟的自然湖泊。驻足湖边就有一种融入了大自然之中的不可思议的感觉。

如果喜欢植物的话就来这里吧。占地面积之大是它的出色之处。

新加坡植物园可观赏游玩的地方很多，还涵盖着孩子们的自然公园"新加坡儿童公园"以及国立阑园"National Orchid garden"等。

新加坡植物园
Singapore botanical gardens

🅧 A1

🅜 1 Cluny Rd.

☎ 6471-7361

🕐 05:00~00:00

🚍 从 MRT orchard 车站到 downgreen 门车站乘坐巴士约 10 分钟。到其他的门乘坐出租车约 7~8 分钟。

1. 栖息在水边的鸟都忘记了炎热，心情似乎不错。在各个湖边都没有栅栏，所以可以在近处观察鱼和乌龟。

2、3 在园内的生姜花园发现的花。彩色的颜色令人印象深刻。

4. 遇到了蜥蜴。摄影师的柳拼命地照相（笑）

5. 一边欣赏只有在南国才有的花一边在园内散步吧

在公园散步时想要吃印度薄饼

　　在植物园内的 downgreen 门旁边的饮食店 "Taman Serasi food garden" 是一个不为人知的好地方。这里面的 itiosi 是印度薄饼的名气店 Jalan Kayu。一定要品尝一下穆斯林风味的杂样煎饼和鸡蛋饼。

Taman serasi food garden

⊠ A1

🏠 1 cluny rd. singapore botani gardens

🕐 07:00~22:00

🚶 从 downgreen 门进去后右手边

自从两年前连接 labourfront 与圣淘沙岛的单轨列车"圣淘沙 express 线"开通以来，参观游览花柏山的游客就减少了。花柏山的美景似乎无法与低价格和便利程度相匹敌。但是正是这样的时候，我想去一趟花柏山。在山顶的珠宝店里（jewel box）有时尚的咖啡店和餐厅。从山顶眺望圣淘沙岛的景色也是非常美丽的。到了晚上，可以在缆车上观赏夜景，在酒吧忘记时间品味鸡尾酒。

在花柏山的周边，最受欢迎的是在新加坡最高的步行天桥"Henderson waves"。连接 3 个国立公园，全长 9 千米，是游览人行天桥的一部分。它的波形正如其名令人印象深刻，在这座天桥上，到了周末，弹吉他的年轻人以及睡午觉的父亲等不同年代的人们聚集在此。

从高台往下看的景色绝美。而且还有鱼尾狮。

在眺望咖啡店稍事休息

在 jewelbox 的餐厅（Sapphire）里有从福建面到比萨各种各样的美食。Openaera 的开放式店内通风很好，可以欣赏绝妙的景色。

花柏山

🗺 B3　🏨 The jewel box 109 mount faber Rd.

📞 6377-9688

🕐 11:00~01:00 〔周五周六到 03:00〕

🚌 从 MRT harbourfront 车站乘坐出租车约 5 分钟。或者从 harbourfront Cablecar station 乘坐缆车到 jewelbox 下车。

当地最佳的景点

从 jewelbox 开始徒步走全长 274 米的波浪桥约 10 分钟下花柏山。过了这座桥就是植物园了。

波浪桥（Henderson waves）

🗺 A2

🏨 连接花柏山公园与植物园的 Henderson 桥。

🚌 从 jewelbox 步行 10 分钟，Henderson road 的 B09 公交车站旁边。在 MRTharbourfront 车站乘出租车约 5 分钟。

当说道"我家在森林的旁边"的时候，大部分人都会吃惊的问到"森林"？对，现在我们一家人住的房子就在武吉知马自然保护区的旁边。说到森林自然保护区可能会有地球尽头的印象。其实，其距离新加坡中心的城区只有 12 千米。如果高速公路不拥挤的话，从 Orchard 乘车约 15 分钟就到。听我朋友说，在都市中心有森林的在全世界也就只有新加坡和巴西了。

我们到了周末每周都会去爬自然保护区内的新加坡最高峰武吉知马山。虽然说是最高峰，山高只有 163.63 米，可以轻松攀登。但是在 164 公顷的热带雨林里的树木种类比全北美大陆还多。武吉知马山是一个让人又一次意识到新加坡自然丰富的景点。

30 分钟就能登顶新加坡最高峰

也有手持地图出发的初访者路线

建议您在比较凉快的清晨和傍晚的时候出发！首先在会客中心领取一张地图。而且如果是初访者路线的话，顺着铺设好的线路大约半个小时就能到达山顶。

武吉知马自然保护区 (bukit timah nature reserve)

🗺 A4

🏠 177 Hindhede drive

☎ 6468-5736

🕘 08:30~18:00（会客中心）

🚕 如果乘坐出租车的话，hindhede drive 的 bukit timah nature reserve 的入口下车。如果乘坐公交车，170、67、75、171、173、184、852、961 车次可以在最近的公交车站停车。

可以看到巨蜥，马来猫猴，和平鸟，大盘尾（带箭鸟），食蟹猴等。

悄悄地告诉你一个不为人知的公园

罚金大国新加坡。如果在公园给猴子吃东西，会被罚 S$10,000。非常独特的插图看板但是要求很严格。

也可能与野生动物相遇

可以观赏在地表隆起的树根的样子以及着生植物等只有热带才有的植物。小心有的季节会掉下来榴莲。也能遇到猴子以及松鼠等野生动物。

武吉巴督自然公园
Bukit Batok nature park

A4　在 bukit batok east ave2 的正面有入口

MRTbukihard 车站乘坐约 5 分钟的出租车再步行 20 分钟。

"bukihard 自然公园"是我的个人珍藏好去处。在出发前，对于要在最热的时间段去公园游玩持消极态度的柳和吉田，当身处 bukiherd 自然公园之中并被美景包围的瞬间欣喜地说道："这里太好了！"

公园的观赏景点在陡峭的断崖上。断崖下面有如同画一般的小池子。在光线强弱的变化下，水面有的时候是宝石绿，有的时候是深绿色，如同变魔术一般独具魅力。从这个小池子流出来的水形成小溪。在鸟啼声形成的寒冷的背景音乐中试着把脚伸进小溪里体验一下吧，肯定能够让你神清气爽。

清晨和傍晚，这里有很多跑步的人，非常热闹。相反，在白天没有一个人影，整个公园被寂静所包围。在星期天的早上，在小池的旁边，许多欧美人在这里野炊。可以说，这是一个如同水面颜色一般拥有众多表情的公园。

在我们出去的那个傍晚，大海和夕阳形成的景观特别美丽。

欣赏沉到大海里的夕阳

从新加坡最大的购物中心 vivo city 乘车向西走大约 5 分钟即可到拉柏多自然公园。虽然是被填埋成的沿海山丘一部分，但却是一个为人所知的拉柏多自然保护区。在新加坡的公园里，有第二次世界大战的激战地遗址，以及很多的兵舍和武器仓库。据说这里当时也被当做了英国军队的防卫基地。现在还遗留着大炮、秘密隧道以及兵器仓库等。

这个公园的特点是，可以同时欣赏大海和森林的自然景观。虽然不可以游泳，但走出栈桥之后，可以舒适地沿海岸线漫步。当然，选择一个面向大海的长椅坐下，观赏夕阳也很不错。远足后在森林中休闲也是一个不错的选择。

园内还有餐厅和疗养温泉

园内有意大利与中国餐厅，因此不用担心游览结束后的用餐问题了。之外，还有疗养公园，是一座全天都可以休闲度假的公园。

拉柏多自然公园（Labrador Nature reserve）
区 A3
地 Along Labrador villa road off pasir panjang RD.
行 利用往返于 harbour front 与 businterchange 之间的往返路线巴士。
在周一到周五乘坐出租车比较好

英国军队的大炮被保存了下来。
这是第二次世界大战的遗迹。

这是一个日益进步的奇特的国度。也许是因为大力发展观光旅游业，休闲度假景点以及吸引人的景点等新的东西不断地被加进来，追随它的变化变得很不容易。很多没有人气的导游书几乎不介绍有观光潜质的景点。这个中国庭园就是被遗漏掉的一个。但是，在观光客人越来越少的现在，我还是很喜欢中国庭园。

这是一个中国宫廷式庭园，34 年前由吧湾著名建筑家指导设计建成。到了节假日，当地人自不必说，从外国前来打工的人会协同朋友们来这里游玩。在苏州形式的盆栽庭园中，中国、日本、印度尼西亚等亚洲各国的盆栽展览在其中。登上七层的佛塔从顶层眺望远处的景色也是非常愉悦的。池子里有蜥蜴、乌龟、鲤鱼，让人看着不忍离去。

前往现在仍然保留的中国庭园
奇特的比较好

七层高的佛塔和颐和园桥的复制品

取材时间是在中国正月的前一天。照片是佛塔和仿造的北京颐和园的桥（The white rainbow bridge），是在阴历正月的时候装饰出来的。

中国庭园（Chinese garden）

🗺 A4

🏯 No¹ 1 chinese garden road

☎ 6261-3632

🕐 06:00～23:00

🚶 从 MRT Chinese garden 车站步行 5 分钟

七层建筑佛塔。从顶层可以一览同时建设的日本庭园和周边景色。

大自然中的动物们

并不是因为想要取材而专门进入斑马区域的。在这个动物园谁都可以拍到这样的照片。当写到"什么"的时候，正在为我们认真拍照的摄影师柳似乎有些生气了。（笑）但是，事实上是真的。

新加坡动物园是"开放式的动物园"。在世界上也是少有的开放式动物园。这里的动物不是被关在黑暗的狭窄的栅栏圈中，然后搭配上树木，土坑以及水路等，制造一个动物与人类的分界线。而是让它们自由自在，因为考虑到要给动物们一个与自然接近的生活环境。看到像猩猩这样的在园内自由自在生活的动物,感觉真好！突然抬头也许会与从树缝中往下看的猩猩目光交汇，大吃一惊。也许正是因为如此，每个动物的表情都很开朗。而且，看到这些动物的人的表情也都很温和。

表演节目也很丰富

有与小鸟和小马拍照，骑马骑骆驼等活动。一天两次的大象巡演是一定要看的。最后可以直接喂它们食物（收费）

新加坡动物园

区 A1　地 80 Mandai Lake Rd

☎ 6269-3411

🕐 08:30~18:00（最晚入场时间 17:30）

🚌 从中心地带乘坐出租车约 30 分钟或者乘坐从市中心开来的 171 路公交车，然后从 Mandai Lake Rd 的第一个公交车站下车，换乘 927 或者 926 路公交车。入园费用是 S$18

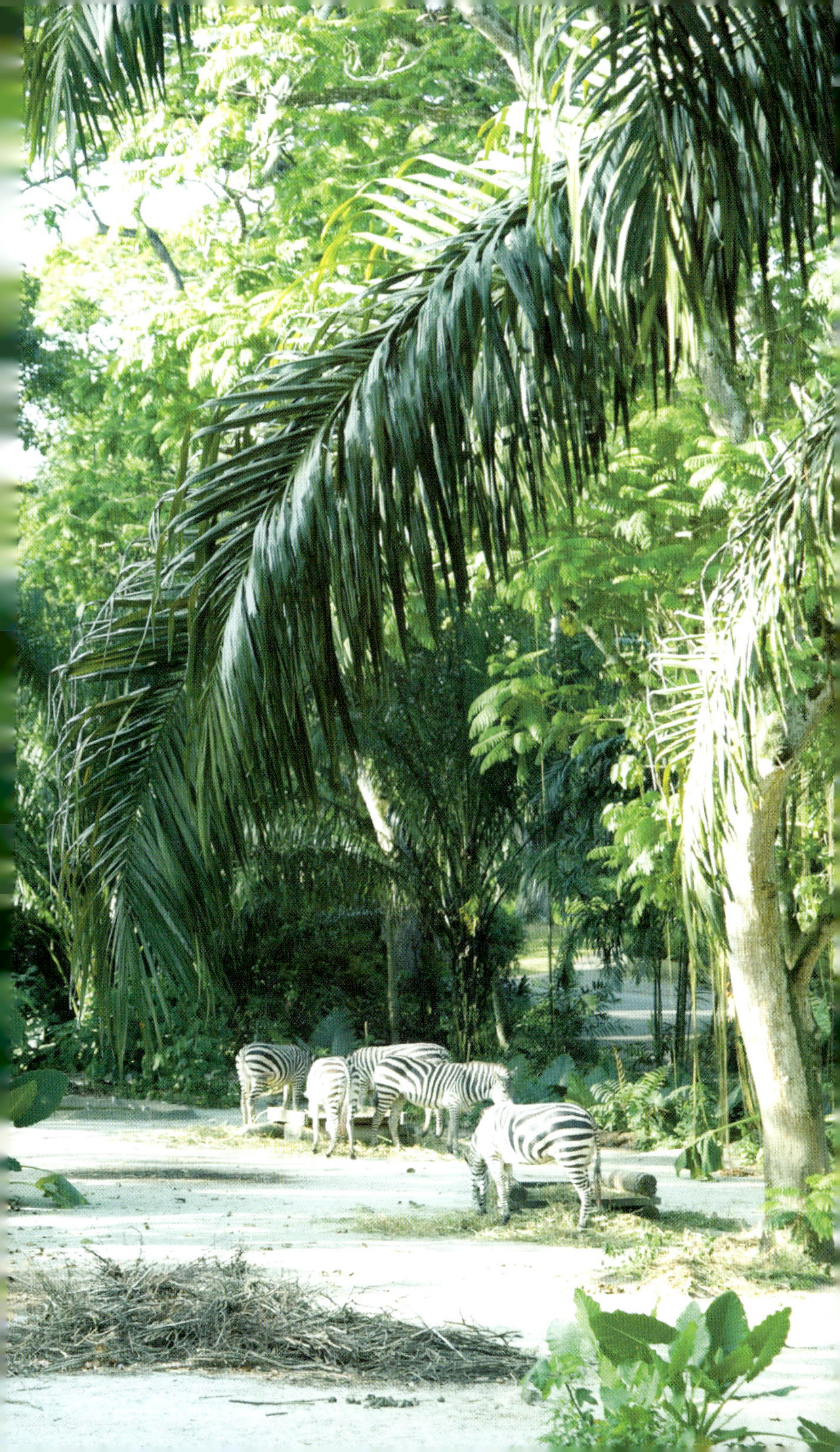

在夜晚与动物们亲密接触

在吐火么？一定要去看非常具有魄力的新加坡火舞

在开放式路面电车上感受
与森林和动物们融为一体
的氛围

1994 年，新加坡动物园作为世界上第一家夜间专用动物园开园了。现在，已经完全成为了固定的观光景点。根据生态环境分成了 8 个地区，占地面积共 40 公顷。据估计共饲养了约 1500 种动物。

首先，还是乘上路面电车在园内绕一圈吧。乘车时间约 45 分钟，路程 3.2 千米。如果乘坐配有外语的路面电车，我建议您购买乘车券的时候一定要预约，然后确认好发车时间。

下了路面电车后，这一次我希望您能够徒步行走 2.8 千米。因为徒步行走和乘坐路面电车的路线是不一样的。有的动物不坐路面电车就看不到，相反，有的动物不徒步行走也是遇不到的。徒步行走印象最深刻的是走过麒麟，斑马和白色大羚羊的地区。以月光和贮水池为背景，驻足凝视动物们的姿态就如同绘画般让人充满幻想。

如果想吃简单快捷的晚餐，推荐 Bongo burger，属于不使用任何化学调味料和防腐剂的原生态汉堡。

徒步行走也好，乘坐路面电车也好

夜间动物园在 19 点开始营业。饭店和商店在 18 点开门迎客，所以建议您提前吃晚饭。如果有时间的话最好将想要购买的土特产也选购好。

Night safari

A4 80 Mandai Lake RD

6269-3411

19:00~24:00

在新加坡动物园的旁边，入园费大人 22 新加坡元。

103

在世界最大的鸟窝中

热带的绿色和彩色的小
鸟们形成鲜明的对比。

在广大的腹地里有9000只鸟

在 20 公顷的 Jurong Bird park 公园里有大约 600 种不同类别的 9000 多只鸟。这里也是世界上成功养育了十二线风鸟的地方

Jurong bird park

- A4
- 2 jurong hill
- 6265-0022
- 08:30~18:00
- MRTblane 车站乘坐 194 或者 251 路公交车。入园费大人 18 新加坡元。

游

1. 有 7 种珍稀鹈鹕，如卷羽鹈鹕。
2. 受欢迎的红鹳
3. 在鸟窝瀑布中看到的色彩鲜艳的小鸟

"Birdpark 真是出乎意外的一个非常好的地方啊！"在这住了 10 年的朋友说道。听到这话以后，我为自己的愚钝感到不好意思"专门为了看鸟而去实在是……"。

和我们的想象完全不一样。来到入口拿到说明书后编辑吉田立刻说道："太厉害了，有世界上最大的鸟窝！"园内屈指可数的人气景点"鸟窝瀑布"，是以世界第一高的人工瀑布为中心，有 60 种以上的 1500 多只小鸟自由飞翔的世界最大的鸟窝。在这之中，跑于园内的单轨列车可以到达 panoreru 车站，你可以把它想象成一个练习打高尔夫球场一样的宽广的场地。这之外，还有老鹰和雕猛禽鸟类的小站，可以心惊胆战地和色彩鲜艳的鸟类们尽情拍照。

在我怀念大海的时候出发去了新加坡的 resort island sentosa 岛。位于新加坡本岛以南 800 米左右的地方，独具魅力。根据当天的心情可以自由选择公交车、出租车、圣淘沙快车，铁轨列车等，对于自由任性的 B 型血的我来说非常适合去那里游玩。

早上起床后，可以去热浪还没有袭来的海边沙滩散步。光着脚在滑滑的白沙上行走心情会非常愉悦。休息的时间观战沙滩排球倒喝彩的时候也是非常开心的。在水族馆和鱼温泉，可以让自己从眼睛到脚获得清爽。

2010 年被称为"亚洲极限的家庭旅游胜地"的"resort world santosa"工程——卡西诺，世界环球影院工作室，世界最大的海洋水族馆等令人瞩目。

在海边度过休闲假日

在 siroso 沙滩，很多人在尽情玩耍沙滩排球。

被小鱼吃后会变漂亮

在水底世界的 fish reflexology，把脚浸入小鱼池子里，大小两种种类的鱼会帮我们把脚上的角质层给吃掉。

Fish reflexology，underwater world

🅰 A3　🏠 80 siloso rd, sentosa

☎ 6279-9229

🕐 10：00~19:00

🚶 从 harbour front interchange 车站乘坐去往圣淘沙的班车或者从 bibo city 乘坐圣淘沙快车，在沙滩站下车。乘坐蓝色条纹的公交车，在水下海底世界的停车场下车。

40 分钟的参观 S$38。50 分钟的参观 S$52

突然进入巨大的海底隧道水槽

进入巨大的聚丙烯玻璃水槽，移动的人行道全长有 80 米以上，可以近距离看到美人鱼和鲨鱼。

水底世界 underwater world

🅰 A3　🏠 80 siloso rd.sentosa

☎ 6275-0030　🕐 09:00~21:00（最后入场时间 20:30）

🚶 从 harbour front interchange 乘坐去往圣淘沙的班车或者从 bibo city 乘坐圣淘沙快车，在沙滩站下车。乘坐蓝色条纹的公交车，在水底世界的停车场下车。

便宜而又便捷的新交通工具"圣淘沙快车"。首发时间为早上 7 点，末班车时间为深夜 12 点。

"圣淘沙岛的 café del mar 咖啡店，这是一定要去的。"吉田编辑兴致勃勃的说道。"café del mar 咖啡馆？"如果了解新加坡的话，在我们三个人之中我自信我是最熟悉的了，但是在被吉田推荐之前我却没有去过。这个咖啡店是 sansset 咖啡店的分店，也是和朋友们一同旅行的有趣之处。你会有很多一个人旅行时无法注意到的新发现。

面对着 soroso 海滩的开放式的时尚 café del mar 咖啡店，如果是情侣的话，一定要订一个沙滩小房 cabana。在沙滩上能够体验小型客房氛围的 cabana，如果消费超过 200 新加坡元以上，就不需要额外付费用。

伊比沙岛传说中的咖啡店

到了晚上，20 米长的游泳池里映射着 LED 光线，非常的浪漫。

看起来非常漂亮的宝
石绿鸡尾酒

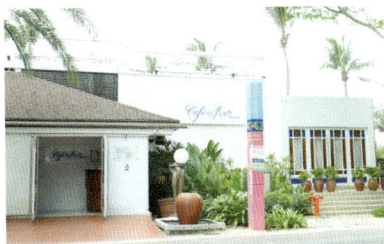

与 siroso 海滩的美丽景色相融合的充满旅游胜地感的建
筑物也很漂亮。吹海风非常舒服，试着在周边散散步怎
么样？

播放着 DJ 音乐的游泳池

　　在炎热的一天中，在游
泳池旁的酒吧吧台浸入冷冷
的水中再喝一点冷冷的鸡尾
酒。我抬头突然发现二层是
DJ 房间，令人吃惊。

Café del mar Singapore

A3

40 siloso beach walk siloso beach sentosa

6235-3296

周一到周四：11:00 到 23:00；周五和节假日的前一天：11:00~2:00；
周六：11:00~14:00；周日和节假日：11：00~23：00

乘坐蓝色、红色、绿色条纹的公交车在 siloso 海滩下车。然后乘坐沙滩
路面电车在 siloso beach terminal 下车。

可以欣赏从蜡染到雕刻
的多样艺术的新加坡美
术馆

周五 18 点以后入场免费

Singapore art museum 通称"SAM"。经常被用来发布电影新片，举办结婚仪式等。在每周周五 18 点以后入场免费。

新加坡美术馆
Singapore art museum

区 D2　地 71bras basah RD
电 6332—3222
时 10:00~19:00（只有周五是 10:00~21:00）
行 MRTdobi kodo 车站或者从 city Hall 车站步行 10 分钟。
入场费用为大人 8 新加坡元。

你去意大利和法国旅游的时候，是不是进行了一次专门的美术馆巡游呢。我并不讨厌印象派，但仍然被马克里特以及达利等非常具有视觉冲击力的超现实主义作品所吸引。有一天，突然想要看当地艺术家的崭新作品而来到了新加坡美术馆。不仅仅是新加坡人，马来西亚人，印度尼西亚人，柬埔寨人，中国人等亚洲艺术家的作品也一同展示出来。1996 年作为国立艺术博物馆开馆的这座建筑物改建自 19 世纪的教会学校。在 2008 年的 8 月，作为别馆"8QSAM"也开馆了。主要以现代艺术为中心，预定以半年为周期更换展示作品。怀有观赏新艺术欲望的人们，这也是一个理想去处。

如果喜欢现代艺术的话就去看看吧

全红色的外观令人印象深刻

这里展示着世界最大的设计比赛获奖作品（Red Dot Design 奖的获奖作品）。在 Red dot trafic 交通局内。（原新加坡交通警察本部）。

Red Dot Design Museum

C2　28 maxwell RD re dot traffic

6327-8027

周一，周三，周五 11:00 到 18:00；周六日 11 点到晚 8 点；周三周四休息

MRTtojonbaka 车站步行 2 分钟，入场费用大人 8 新加坡元。

乘坐游览观光船游走港巷

在这里给大家介绍一个令人心情愉快的旅游项目吧。这就是"Singapore River cruises"（新加坡乘船巡游）。旅游图书中更多的是介绍乘坐水陆两用车游玩，但是，我更喜欢在新加坡乘船巡游。新加坡是一个新兴的发达国家，在近代的东西非常多，可以在乘船巡游中感受以前的亚洲的遗香，既亲切又让人充满怀念。开船的人是非常了解新加坡的大叔们。他们绷紧的被太阳光晒黑的肌肤述说着他们从事的事业及

在白天时间可以享受凉爽，
度过私人的恬人时光。

其追求。

　　小川沿线附近的景色独具魅力，这一地区由以前的仓库街改造成了饭店、酒吧。从船上观赏着 Clark quay、boat quay 等原有的景点也让人产生不一样的情趣。鱼尾狮像虽然作为"让世界精疲力竭的名作之一"并不为人赞赏，但还是作为旅游景点保留了下来。乘船巡游的过程中可以从船的正面看到鱼尾狮像。其双眼含笑，从嘴里喷水的姿态极具魅力。开船的大叔们会为了我们拍照留念而短暂停船，不要着急，慢慢地给自己留个纪念吧，肯定会成为纪念的镜头。

River cruises 游船的服务员们 @ 售票厅

一般不需要预订，非常轻松愉快

我们也推荐夜晚乘船出游

　　郑重向情侣们推荐夜晚乘船出游。我喜欢在早上和傍晚乘船出游。与河岸对面的不认识的人招手互相问候也是有趣的事情之一。

Singapore River cruises & leisure
新加坡乘船出游 & 轻松游
Ⓧ D2　☎ 6336-6111
🕐 09:00-22:30
🚇 raffle 旅店的陆地店 boat quay No58&60 河边

在新加坡河岸的夜景下自由散步

等到日落时分，一只手拿着照相机在夜景下散步吧。在夜晚的微风中，观赏夜景的那份激动心情，在夜景点度过的令人难忘的时间……肯定会成为旅行的特别记忆。

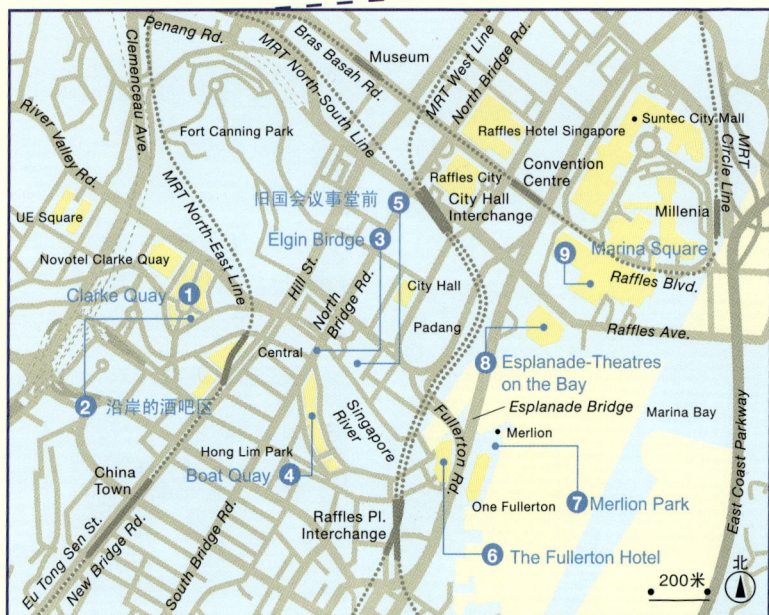

能够一边观赏夜景一边散步也是新加坡旅行的乐趣之一。新加坡是亚洲治安最好的国家，旅行者也留下了他们认同的笔迹。因此，女士们也可以在夜晚安心的出去散步。白天太热而不愿意出去散步的人们在晚上出去散步是个不错的时机。特别是在新加坡河沿岸散步的时候，微风会给我们带来清爽，让人觉得更加的舒适。

夜晚之所以非常的美丽，是因为没有多余的建筑物阻挡你。我来到这里感受最深刻的是"碍眼的建筑物很少"和"绿色很多"。在日本，或者说我的出身地东京，在各个角落里都能看到碍眼的建筑物和没有秩序的霓虹灯。因此，夜景是不可能美丽的。正是因为是夜景，整齐的开放感是必要的。希望大家能够在新加坡感受到这一点。

Clark quay

是一个把以前新加坡沿岸的仓库街改造成饭店，酒吧，咖啡厅的地区。两年半以前配有玻璃屋顶的中央广场建成了，里面有非常凉爽的喷泉。

Clark quay

🅧 C2

☎ 6337-3292

🕐 各个店不一样

🚇 MRTClark quay 车站步行 5 分钟

1

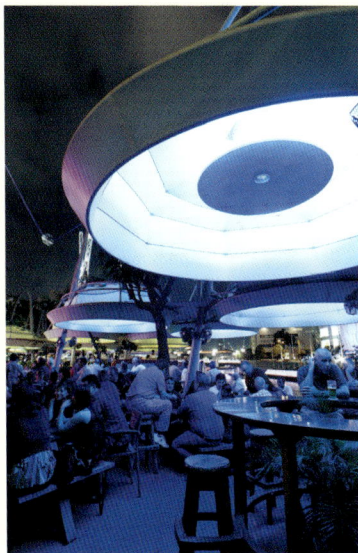

2

河沿岸的酒吧群（Clark quay）

是一个到深夜仍然非常热闹的夜景景点。在散步的途中一边欣赏夜景一边喝啤酒也是很不错的。到了周末更加的热闹，可以感受开放式的气氛。

额尔金桥

1863 年，作为汤姆森桥建成完工。在 1870 年改名为额尔金桥，由当时的印度总督的名字命名。1929 年 5 月改造成现在的样子，连接了北桥路和南桥路。

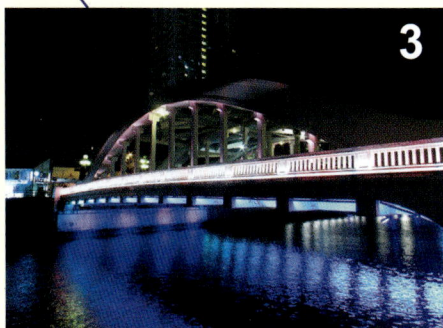

3

Fullerton 饭店

1928 年建成，Fullerton 的内侧是邮局和工商会所。Fullerton 饭店是高档酒店，于 2001 年 1 月 1 日开业。一定要看夜间的灯景。

Fullerton 酒店
the fullerton singapore

- D2
- 1 Fullerton square
- 6733-8388
- MRTrafflepress 车站步行 3 分钟。

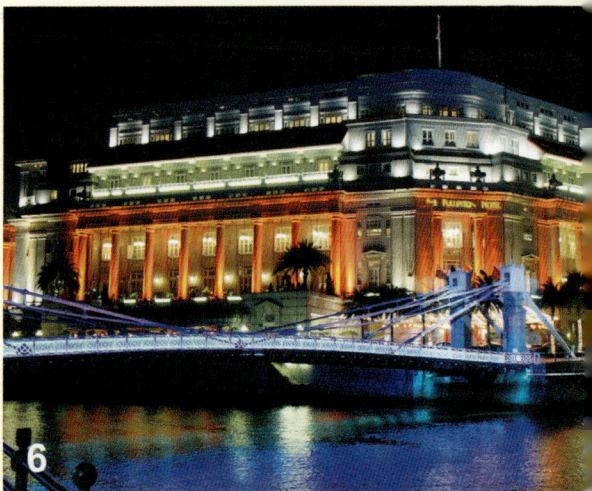

旧国会大厦

1827 年作为乔治·科尔门做豪宅而修筑的建筑物昔日是新加坡的国会大厦，现在改造成了 the art house。周边有很多时尚的咖啡店和酒吧。

旧国会大厦艺术之家（Old par lianment house）

- D2
- 1 old parliament lane
- MRTcity Hall 车站或者 Clark quay 车站步行 8 分钟

Boat quay

19 世纪 60 年代之前作为贸易的中心港繁华一时的地方。现在作为夜景景点很有名。餐厅会营业到 23 点，很多酒吧和俱乐部也营业到深夜。

Boat quay

- C2
- 从 Clark quay 的下游、额尔金桥到新加坡沿岸的地区或者从 MRT rafflepress 车站步行 5 分钟。

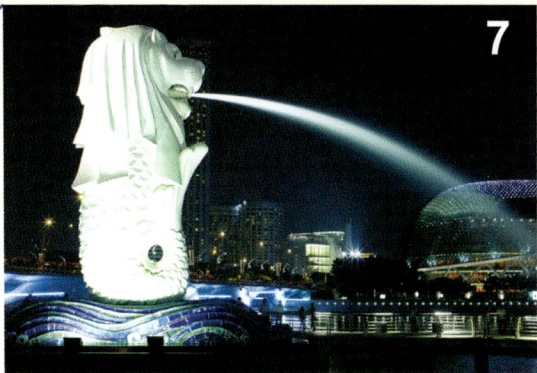

鱼尾狮像公园

新加坡的标志，鱼尾狮像。2002 年重新改造，把公园移到了海边的新家。从 one Fullerton 的饭店和酒吧看到的夜景也很美。

Merlion park

❌ D2

🚇 在 esplande 桥底。从 MRT rufflepress 车站步行 10 分钟。

Esplanade theatres on the bay

因独特的外观而被称作 "doriann"。里面设有音乐会剧场等看台。可以在屋顶的瞭望台上观望海港的夜景。

Esplanade theatres on the bay

❌ A1　🚇 1 esplanade drive

☎ 6828-8377

🚶 MRTcity Hall 车站步行 10 分钟。

Marina 广场

在这个购物中心四层的饮食区域可以一览鱼尾狮，是个海滨大道的不为人知的好地方。在外面的天台上一边品尝当地美食一边尽情观赏夜景吧。

Marian food loft

❌ D2

🚇 raffles boulevard marina square level4

☎ 6339-8787

🚶 MRTcity hall 车站步行 10 分钟

什么都不考虑，一心一意的蹬着自行车，在热带雨林中吹着清爽的微风，可以说是一个抛开平时所背负的负担的瞬间。

乌敏岛是漂浮于本岛东北边的小岛屿。岛上居民有 200 人，是一个能够感受到新加坡乡土气息的景点。乘坐小船就能到达乌敏岛。只是，这个小船如果召集不到 12 个人就不能出发。即便非常性急的新加坡人也只能在那里等待。如果不喜欢等待的话，推荐您在人比较多的周六日前往乌敏岛。

登上乌敏岛后，租一辆自行车吧。在岛内骑一圈后在自己喜欢的沙滩上小憩，欣赏红树林等自然风光。岛的东部海域有着许多的海洋生物。有的季节需要预约。如果可以参加旅行团队的话就更能尽情游览了。

轻轻松松骑自行车前往乌敏岛

1. 以农业和渔业为生的岛民的家
2. 能够看到很多的红树
3. 看了岛上的免费旅游地图后，想在岛内游览一周

Pulau ubin

❎ B4 ☎ 6542-4108

🚉 MRTtanamera 车站或者 MRTbedokku 车站乘坐出租车到 tyangi point faliterminal 下车，从那乘船约 10 分钟。或者到了 ubin 岛之后再骑租赁自行车约 20 分钟。船在 6:00 到 22:00 开航。

从船上看 serangoon 海湾的景
色非常的壮丽。
价格每人 S$2.50（上图）
在港口的附近有很多租赁自
行车的店铺（下图）

住宿

好的酒店价格高还是有理由的
偶尔也试着逞强一下吧

Stay in Singapore

纽约传说中的豪华酒店

　　作为泰坦尼克号的乘客而为人所知的 John Jacob Astor 四世在 1904 年创办传说中的豪华酒店—St regis new York.。经过了 1000 多年的漫长岁月后，再现泰坦尼克号光辉历史的 St regis（圣瑞吉斯）酒店 2007 年 12 月在新加坡诞生。进入酒店后，清冷的空气扑面而来，充满了高级感的时尚高雅的空间立即呈现在眼前。酒店内各处都装饰有现代的雕刻以及绘画，就如同美术馆一般。各个房间透过窗户能够看到美丽的景色，客厅的设计也很典雅。枕头有 15 种，可以随意选择，不用担心没有适合自己的。在酒店内最能够感受到 St regis 氛围的是针对各种语言的酒类服务。随时都会给我们端来新泡好的咖啡，让人感觉非常幸福。这是一个犒劳平时非常辛苦的自己绝好的停留酒店。

The St Regis Singapore

B1   29 Tangling Rd

6506-6888

MRTorchard 车站步行 8 分钟

不需要通过移民局检查，开着宾利车前往酒店就可以。VIP 服务 265 新加坡元

1. 利用法国产大理石装潢的浴室里配有电视。迷迭香味道的浴巾摆放在浴池上。

2. 摆放的特别甜茶让人有一种宁静的感觉

3. 贴有中国丝绸壁纸的高雅豪华的卧室

4. 屋顶的高度以及豪华的支型吊灯让人为之惊叹。在 "Brasserie Les Saveurs" 从 15:00 开始的两小时内可以品尝下午茶。

让人渴望入住的酒店

在新加坡，谁都想要入住一次的酒店是"raffles hotel（莱佛士酒店）"。酒店名由查理查普林等老顾客的名字组合而成。所有的客房都是甜美式样装饰，古典而又豪华气派。它始于 1887 年，亚美尼亚的商人 sakisu 兄弟就 10 几间房间的住宅进行改造而成。第二次世界大战期间，日本军将校的官邸曾设于此。

5 年前，我终于如愿以偿，入住莱佛士酒店。憧憬变成了现实，直到现在我对于 raffles hotel 的敬爱之情仍然没有变化。

Raffles hotel
D2　1 Beach Rd
6337-1886
从 MRTcity hall 车站步行 3 分钟

具有存在感的白色外观，在圣诞节期间还有霓虹灯装饰。

新加坡版本的"chilli padi mary"
Astor Bar
B1　29 Tanglin Rd The St.Regis Singapore 1F
6506-6866
12:00~2:00，快乐时间是周日到周四的 12:00~20：00
MRT orchard 车站步行 8 分钟

在著名的鸡尾酒发祥地酒吧尽情畅饮吧!

可以在酒店的酒吧品尝独创的鸡尾酒。在 raffles hotel long bar 原创酿制的"新加坡斯林酒"非常有名。在 St Regis 的 Astar 酒吧点一杯"chilli padi mary"吧，酒的味道由于使用红辣椒 chilli padi 而独具特色。

1. long bar 的样子
2. 无酒精的新加坡斯林酒
long bar
d2　1 beach rd. raffles hotel　6377-1886
简便餐饮 12:00~19:45，鸡尾酒 周日到周四 11:00 到 00:30 或者周五周六以及节假日的前一天 11:00 到 01:30
MRT city hall 车站步行 3 分钟

1. 贝克汉姆夫妇用过的 club lounge（俱乐部起居室） 2. 俱乐部走廊的健身房，可以一览周边的高级住宅地 3. 客厅内的书房 4. 充分考虑了灯光和阳光的房间布局

Shangri-la hotel Singapore

🚇 B1
🏨 22 orange Grove RD
☎ 6737-3644
🚶 从 orchard 车站乘车约 5 分钟

可以享受 VIP 待遇的名门酒店

各国的首相在访问新加坡的时候，有肯定入住的酒店，这就是 shangri-la hotel。这里也被选为国际会议的会场。在住的日本人即使在新加坡居住很长时间了，仍有很多人在突然想入住高档酒店时选择 shangri-la hotel。具有高级感的大厅，房间设计不仅仅从入住客人的立场考虑，所有的东西都将 shangri-ra 的价值做成唯一的。如果不能入住，在玫瑰阳台的的晚茶时间也一定要去体验一番。晚茶时间一周开放两次，晚茶主题也不一样，第一个主题是自由的享受；第二个主题是优雅的度过休闲时光，大家可根据个人的喜好来选择。

5. 就像天上的乐园！丰富的绿色映入眼帘非常的舒心　6. 可以品尝红茶、绿茶等相配的 102 种甜点　7. 从蛋糕到沙拉面，种类丰富的派对餐

如果想亲身体验一下土生华人文化，就来卡通地区吧。花上一天的时间拿着相机在卡通地区散步，可以更加亲切的感受到土生华人的文化。在这之中我推荐的旅游酒店是"paramount hotel（百乐门酒店）"。距离机场很近，周边有很多商店，交通便利。首先离开酒店的停车场过了马路后就会有一个叫做 parkway parade 的商业街，那里有伊势丹、日本的超市以及美国 borders group 书店。酒店后面完全是另一番景象，古色古香的 east coast road 街道上，商店鳞次栉比，弥漫着土生华人文化的气氛。如果能够在这里驻足停留，一定可以充分体验新加坡具有历史底蕴的文化，完成一次充实的旅行。

拥有土生华人文化的旅游酒店

Paramount hotel

区 D4　地 25 marine parade　☎ 6344-2200
行 从 tyanngi 机场乘坐出租车约 15 分钟

在您游览的期间，在 city resort（城市休养地）的游泳池凉爽
一下吧。

俱乐部柜台的樱花房间。

马那多
乘坐新加坡胜安航空约三个半小时即可到达，位于印度尼西亚苏拉威西岛北部，亚洲第一透明度的跳水名胜景点。美丽的珊瑚礁也别致特色。

马来西亚刁曼岛
乘坐新加坡实里达航空飞机大约 35 分钟，在电影《太平洋》中也出现过的景色，位于马来西亚东部。

龙木岛
乘坐新加坡胜安航空飞机大约 2 个小时 40 分钟。位于印度尼西亚和巴厘岛旁边的小岛。有着广阔的农村，用马车出游，属于非常休闲的海边旅游胜地。

热浪岛
乘坐新加坡实里达航空飞机大约一个半小时。被称为马来西亚最美的海滩。在海滩的周边还有美丽的珊瑚和海洋生物。

从新加坡出发的非常实惠的亚洲旅游

TRIPS INTERNATINAL 总经理
中村秀人

国际旅行（TRIPS INTERN AT IONAL）的代表中村说道："新加坡自不用说，我们也推荐由新加坡出发的岛屿避暑胜地游。"就是说，"在樟宜国际机场转机也很轻松，而且可以前往市内的酒店，中途停留也很方便。"在这之中，Trips 旅行社也代理马尔代夫以及刁曼岛的旅游，所以经过新加坡前往那里也很

实惠。利用非常便宜的降价机票或者飞机常客免费机票来到新加坡然后再参加 Trips 旅行社的旅行团，可以节约很多出游费用。龙木岛因为是知名度比较小的岛屿，保留有纯朴的自然景观。大海非常漂亮，有著名潜水胜地马那多岛。中村说道："也有非常奢华的酒店，普通的游客也可以尽情地享受。"我也是在日本的时候就预订了新加坡 Trips 旅行社的客人之一。在这里入住以后也可以让旅行社代办去其他国家的手续。总经理中村说道："取消手续变更费用等可以让游客轻松的预约酒店。"员工们会安排时间亲自前往受理的旅行地视察，以保证为游客提供更好的信息指南，是一个集服务，知识于一体的高级旅行社。

Trip International 旅行社 （Tripsinternational pte ltd）
163B Telok Ayer St
6324-2811
周一到周五 09：00~18：00 周日和节假日休息
从 MRTtangjyonbaga 车站步行 3 分钟。
http://www.trips.com.sg/
trips@trips.com.sg

享受舒适的新加坡旅行

因为是难得的新加坡旅游，想要给平时努力的自己一点奖赏。那就坐商务舱享受一下与平常有点不一样的豪华愉快旅行吧。

追求舒适的贝壳形状座椅"JAL SHELL FLAT SEAT"

编辑吉田和摄影师柳说道："因为实在是太舒服了，很快就睡着了！"他们兴奋地告诉了我乘坐 JAL 的商务舱的感受。商务舱中可移动背椅的移动角度并不限于 170 度，几乎能够达到水平角度。而且可以感受到如同流石一般的绝妙平衡感。下次乘坐飞机的时候，狠狠心坐一回商务舱吧。

不管怎么说，商务舱座椅最大的特点就是可以自己调整椅子的位置和角度。可以感受到为自己量身定做的航班一般的感觉。而且在调整座位的时候还可以和座位一起将自己的胳膊放下去。拥有可以让人翻身的空间，椅子的螺距最大也有 157 厘米。坐在窗户前的位置也非常方便出入。特别是在深夜的返航班机上，也不用担心会吵醒旁边的乘客，同样也不用担心自己会被吵醒。让新加坡游变得更愉快、更有意思。

生活

安全，漂亮，好吃，便利
因此想要像在新加坡生活一样的旅行。

Live in Singapore（生活在新加坡）

在新加坡生活

在多民族国家的新加坡生活着众多的
外国人。为了更加了解新加坡的魅力
所在，我们采访了在当地生活的两对
夫妻。

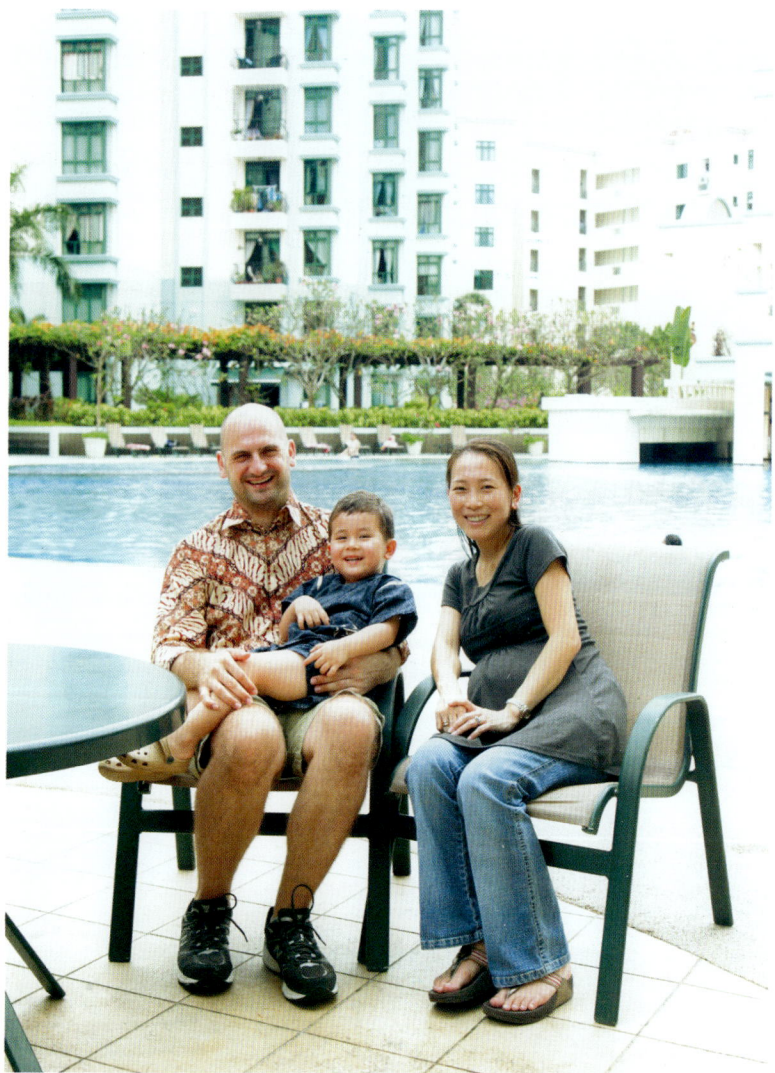

新加坡是亚洲最安全的国家——罗曼

穿着印度尼西亚蜡染衬衫的罗曼和正怀着第二胎的妻子莫托罗在新加坡生活了一年半，我们进行了以下交流（R 指和罗曼的谈话，M 指和莫托罗的谈话。）

——罗曼和莫托罗是在新加坡相遇的么？

M：不是，是美国。我从日本的大学毕业以后去美国留学了。然后和正在美国工作的罗曼相遇了。

——罗曼是美国人么？

生活

R：不是，是在奥地利的维也纳出生的。9 岁的时候，由于父亲的工作原因搬家到了佛罗里达。这之后，在瑞士，英国，以及东京都居住过。

——这样啊，那为什么又到了新加坡呢？

M：结婚以后在芝加哥生活过一段时间，但是罗曼想要在亚洲生活，所以考虑搬往国外。就是那个时候，生了长男 niki。然后开始考虑孩子的教育和生活环境的问题。新加坡是我们最希望居住的国家，所以决定移居新加坡了。

——在亚洲国家中选择新加坡的理由是什么呢？

R：首先，不论怎么说还是因为新加坡的治安好。新加坡被称为亚洲治安最好的国家。居住以后发现确实名不虚传。特别是孩子小的时候治安的好坏非常重要。接下来就是教育水平的高低问题。在这里，英语自不必说，汉语、马来语等多种语言都能自然而然的学会。没有比语言教育更早的事情了。

——妻子有什么意见吗？

M：为可以雇佣女佣，环境也非常好。现在我正在怀孕中，当身体不舒服的时候可以让女佣去幼儿园接孩子，或者让女佣完全做家务事等。在这里每个月 480 新加坡元就可以雇佣一个住家女佣，真的很不错啊。

——居住环境怎么样呢？

M：在新加坡居住的外国人大多住在分套式公寓里。我们居住的分套式公寓里配备有游泳池，卡拉 OK 房，台球，网球场，烤肉场所，小型超市等设施，如同酒店一般。保安 24 小时服务，很有安全感。

——这样啊，确实是太好了，那么在这里生活的两位有没有推荐的景点呢？

R：我们推荐裕廊飞禽公园（Jurong BirdPark）。我想在其他国家也有动物园和植物园，但是我觉得裕廊飞禽公园是将新加坡的气候和环境综合起来的公园。此外我也推荐 ubin 岛和东海岸公园。

——今后也打算在新加坡居住吗？

R：我想为了孩子的教育，我们会暂时居住在这里。但是，以后还是想去东京居住啊。（笑）

**因为是多民族的
国家，所以差别
很小。——奥曼**

全家居住的低层洋房很受西方人的欢迎。

出身于波斯尼亚现在持有澳大利亚护照的 Sofutiti 一家。我们在主人奥曼和妻子门鲁西哈的家里和夫妇俩进行了交谈。（以下 O 代表丈夫奥曼，M 代表妻子门鲁西哈）。

——能告诉我们你们最初来到新加坡的理由吗？

O：我是因为工作的原因从澳大利亚的墨尔本来到了这里。

——你们夫妻俩是在澳大利亚相遇的么？

M：不是，是在柏林相遇的。在新年的庆祝晚会上，我的丈夫对我一见钟情。

O：不是，是你对我一见钟情的！

——我了解到你们的关系非常好。（笑）话说回来，听说你们俩都是在波斯尼亚出生的，为什么会在柏林相遇呢？

M：我想你们应该知道，由于波黑纷争，有 32 万人逃往了德国。我们也是这其中的一员。因为我是女性，很轻松地进入了德国，但是男性就困难了。我觉得我丈夫吃了很多的苦。因为我丈夫的父亲在德国工作，所以总算是能够移居德国了。

——真的是不容易啊。你们经历了艰辛万苦结婚后来到新加坡已经多久了呢？

O：来到新加坡已经 6 年了。当时，长男还在她母亲的肚子里呢。长男到 6 岁后，再过两个月，二儿子就要出生了。

——恭喜你，在新加坡第二次生产了。

M：生大儿子的时候还不太了解新加坡。而且丈夫又极其的忙，一直出差几乎不在家里。但是这一次在非常喜欢的新加坡生产，也可以教育孩子，非常的开心。

——你能比较一下澳大利亚和新加坡吗？

O：因为新加坡是多民族的国家，觉得与澳大利亚差别小一些。虽然是个人的想法，比起澳大利亚我更喜欢新加坡的食物。在新加坡我们特别喜欢日式饭店以及具有众多口味的高级饮食。新加坡也是一个和平安全的国家。街道也非常的干净。

——您能列举一点不好的方面么？

O：就是国土面积有点小。在澳大利亚的时候虽然很多地方都旅游过了，但是在新加坡，短短的一周就把新加坡转遍了。但是由于和民丹岛、马尔代夫等其他国家的海滩旅游胜地有着很好的连接反而增加了海外旅行。（笑）

——您能推荐一些新加坡的观光景点吗？

M：夜景观光推荐克拉码头（Clarke Quay）。我觉得那里气氛也非常好，可以充分享受晚间游玩。

O：我个人非常喜欢各地的公园。我们全家经常去植物园散步。在花丛和绿色中散步感觉真的非常好。新加坡是一个多民族国家，那里的小印度，中国城，阿拉伯街道，也强烈推荐您去走一走。

他们全家经常在充满绿色的阳台吃晚餐。

生活

有嚼头的茎根甘蓝。和大蒜一起炒着吃。

新加坡产的 KANGKON 是一种营养价值很高的野菜。

与小松菜比较像的 chye sim 可以放在面条里吃。

比较像生菜的黄白菜。

在普通百姓的菜市场采购食材！

Empress Road Market

A1　Blk 7 Empress RD.　早朝～中午 12:00
在 HDB 的一层。从 Orchard Road 过来坐巴士要 15 分钟，打车 7 分钟。

重新开张不久的菜市场。

首先购买蔬菜

笑容灿烂的帅哥！？蔬菜店的年轻主人。虽然在菜市场里有很多家蔬菜店，但是，这家店的草本类蔬菜和新鲜蔬菜种类很丰富。

仅在南国才有的水果。
在兄弟三人的水果店里摆着新鲜的切好装盘的
南国水果:莽吉柿子,龙眼,番木瓜,红毛丹等。

当有花的时候,生活感就顿时增强了。我经常逛马里阿的花店。在她的花店里经常摆有珍贵的鲜花。马里阿也做插花装饰,各种作为礼物的花束煞是好看。

自己料理鱼才实惠
这是很有威望的鱼店的老板。可以为你配好料,还可以请他为你杀鱼。住到服务式酒店,试着挑战一下鱼吧。在店铺里还有新鲜的鱼、虾、贝类。

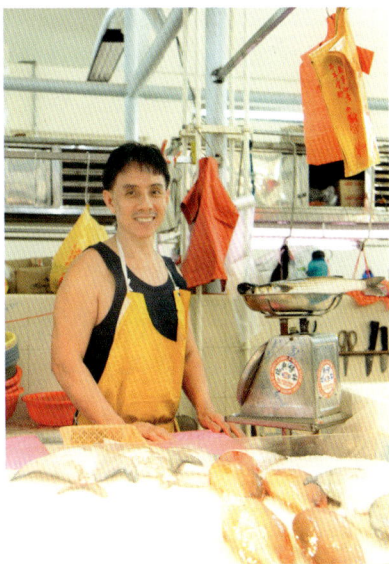

　　在新加坡,如果想要以一种本地人的心情来欣赏花,就去普通老百姓的厨房市场去看看吧。菜市场,鱼店,鲜肉店,水果店,干货店比比皆是。我推荐您去"expressroad"(快递超市)。在 Falar Road 路对面的这个菜市场,周边是上流社会人士的居住区,如外国人、新加坡政府要人、明星等。由于顾客的需求各不相同,这里的蔬菜和水果的种类也非常丰富。店员们和外国人接触的比较多,可以用简单的英语进行交流。购买一支新加坡特有的花束,然后装饰到您住的酒店里怎么样呢?再购买一些南国特有的珍贵水果和蔬菜做一盘水果沙拉似乎也是非常好的享受。

"给我吃点什么好吃的东西吧！"这是在我的朋友菜穗美家打工的新加坡女佣（下图）在饥饿的时候面对美食的反应。虽然只有40岁过半，但是已经有孙子了，她的生活真的是波澜万丈。她和丈夫离婚后，为了父母和孩子们来到新加坡做起了女佣。她以前在故乡印度尼西亚经营一家饮食店。她的厨艺很出众。做出来的美食非常受欢迎，马达姆的朋友们也会聚集到家里来品尝她的手艺。有时候吃饭的人数超过20个人了……她仍然能够笑容满面，而且手脚麻利地为我们做超级美味的料理。简直就像是魔法师一样。

这一次请她给我们做的是以椰奶饭为中心的椰汁烤鸡以及各种油炸海鲜大杂烩和西式酸菜的主打料理"鸡肉和生姜汤"。印度尼西亚汤味的大虾汤，放入了牛油果、洋葱、番木瓜、熏鲑鱼的沙拉，加入了椰奶和黑糖的点心等应有尽有，可以尽情品尝。亲手制作的酸橙汁，只有南国才有的水果切成的水果拼盘等让人吃得欣喜淋漓。

老板娘菜穗美是日本人。她的厨艺也是专业的。我们经常和她热烈地讨论有关厨艺的事情。印度尼西亚的女佣和日本人的老板娘，这两个人在异国他乡的新加坡相遇了★。

只有精干麻利的新加坡女佣才能做的多民族国家美食

一直非常热心于研究的她。新的菜谱也会激起她的激情。

想要特别学习一下设计者老板娘的室内装饰。

不愧是日本人的老板娘，连装印章的盘子里都盛满了料理。

配有锅碗等餐具、微波炉、冰箱的厨房。

服务式公寓里的旅游生活

如果想要体验如同生活在当地一般的旅游生活，入住服务式酒店是最佳的选择。因为房间里有厨房，可以在市场或者超市里买回自己喜欢的材料，做自己真正喜欢的料理。这是多么的奢侈享受啊。如此，你肯定能够充分享受高等级的新加坡之游。

在新加坡有很多服务式酒店。虽然其中大多是针对商务人员的酒店，但是现在面对普通大众旅客的服务式酒店也增多了。我也在旅行的时候，多次入住服务式酒店，没有任何的不满，亲身体验了新加坡服务式旅行的高等级服务。特别为您介绍的香格里拉服务式酒店 (Shangri-la Apartments) 是一个服务、安全、便利性和设施都非常好的高级酒店。酒店内配有游泳池、网球场，如果订的是7夜8日的住宿，还可以使用香格里拉饭店的健身房。

1. 62平米的1室1厅1厨一个月7800新加坡元。也有3室1厅1厨的。2. 从1室1厅1厨户型的玄关可以看到餐厅、客厅

香格里拉饭店 新加坡服务式酒店 Shangri-La Apartments

B1

1 Anderson Rd.

6213-4235

从 Orchard road 街道步行约 10 分钟。

新加坡

特别篇

这是给想要在新加坡举办婚礼的朋友们准备的特别企划。

在新加坡熟练使用公共交通工具的方法以及在当地需要注意的一些

地方的介绍。

特别介绍几乎没有设计的鱼尾狮。

Extra in Singapore

在向往的莱佛士酒店举办婚礼……大概（笑）是因为一生只有一次，所以肯定有很多想要实现在海外举办婚礼梦想的情侣们来到这里。事实上，现在非常流行在新加坡举办婚礼。

为什么这么说呢？在新加坡举办婚礼成功的秘诀是什么呢？我们采访了在新加坡长住承办婚礼仪式的日本企业"WOWBR-DAL"的代表美利昂女士。

在莱佛士酒店创造一辈子都难忘的回忆

——为什么在新加坡举办婚礼的情侣们在不断的增多呢？

美利昂女士（以下称作M）：首先是因为新加坡是一个安全的国度。新加坡被称为亚洲治安

在莱佛士酒店举办婚礼

最好的国家。而且我认为新加坡与日本的时差只有一个小时也是新加坡入选的原因之一。招待你的朋友和亲戚的时候也很安心吧。特别是在有高龄的同行者的时候，时差似乎是非常大的问题。

——您认为新加坡的魅力是什么呢？

M: 是一个充满绿色的地方。一个被叫做花园城市的美丽岛国，虽然新加坡在一年中都是夏季气候，但每天都可以在愉快中度过。既有现代的鳞次栉比的高层建筑，也有保留有古代余韵的自然景观，这个巨大的反差感也是我所喜欢的。

——最受情侣们欢迎的婚礼会场是哪里呢？

M：最受欢迎而且咨询者也比较多的是在莱佛士的花园婚礼会场了。在新加坡这样的南国才有的婚礼，对情侣们来说将是无可替代的美丽回忆。

虽然结婚仪式只是很短的时间，但是拍下的照片却是可以留做一辈子纪念的。在具有殖民地

历史建筑风格的莱佛士酒店举行的婚礼仪式的照片很美丽。另外，如果您有意愿的话，也可以在结婚仪式结束后利用莱佛士酒店的客房用餐。

——"留做一生纪念的照片"，我非常欣赏这个建议。那么，穿着婚纱能够拍摄怎样的照片呢？

M：因为我们的母公司是摄影公司，所以我们还是有信心能够拍摄出摄影师水准的照片的。为您推荐的是电子相册。680 新加坡元就可以做一本电子相册。做好的相册当然会交给您，而且还会把所有的电子照片同相册一同给您，所以您可以自由地活用这些电子照片。摄影和编辑费用一共 580 新加坡元。我们会为您保存到 DVD 光盘里。

——除了照片以外，新婚夫妇的结婚典礼的全程摄影有哪些内容呢？

M：莱佛士酒店会承办会场的预约与安排，花束，装饰花，化妆，美容，面部按摩，指甲修整，婚纱等的衣物租赁，以及现场表演和主持人的安排等婚礼的全程服务。

因为身处充满绿色的自然之中，所以可以毫无顾虑的绽放笑容。

——除了莱佛士酒店以外，您还有推荐的婚礼承办酒店吗？

M：如果考虑在教堂举办婚礼的话，我推荐赞美广场修道院，这是一座在 1854 年建成后装饰好的修道院，维多利亚风格的建筑，可以举办古典式的婚礼。现在成了婚礼会场以及音乐会等的多功能举办会场。这座修道院里的餐厅和酒吧非常有名。良木园大酒店（Goodwood Park Hotel）的池边婚礼也很受欢迎。良木园大酒店（Goodwood Park Hotel）是文莱国王来新加坡的时候一定要居住的酒店。酒店所体现的传统的高级和优雅是其他酒店所没有的独特之处。我觉得在美丽的绿树和色彩鲜艳的南国花丛所包围的游泳池边举办婚礼一定可以让您 120% 感到满意。

——我想，由于时间和预算的原因，肯定也有只想拍照片的情侣们……

M：当然，只拍纪念照片也完全没有问题。我们有摄像机，还有专门的摄影师。不仅仅是在摄影棚里，我们还有很多的摄影场所供您选择。我个人喜欢绿色丰富的布里斯班花园（botanic garden）和福康宁花园（Fort Canning Park）。我觉得在绿色的自然之中拍照的时候可以消除紧张感，可以轻松的拍摄出夫妇俩自然的笑容。摄影时间大概一个半小时，化妆、花束、衣服租赁、写真集的电子数据、相册、摄影费用等全部包括在内共 2500 新加坡元。

WOWBR-DAL 代表：美利昂女士

在丈夫的出差地，也是留有回忆的地方。上图为河野夫妇在新加坡举办的婚礼。当时的主办人美利昂女士现在仍在这里工作。

——听说在海外举办婚礼的时候，会把妆化得非常的浓重，这一方面不要紧吧？

M: 每个人的喜好不同，所以我们会在事前提前询问顾客的要求和想象中的印象。还有供选择的项目，在婚礼仪式举办的前一天，可以为您提前预演换妆和指甲装饰。而且，在前一天做面部按摩和美容后，第二天的上妆效果会非常好。敏感肌肤的客人可以要求使用低刺激性的化妆品，所以担心皮肤问题的客人们请提前告知我们。

——不仅仅是化妆，我们也会担心婚纱是否合适的问题……

M: 关于婚纱的问题，我们会在事前通过邮件给您发送图片，我想如果您认真选择的话应该没有什么问题。花束和装饰花也是在询问了客人喜欢的花的颜色和种类之后，我们再进行搭配。所以，不论你有什么要求，都请直接打电话或者发邮件跟我们联系，以便我们能更好地为您服务。

哇，新加坡婚礼可谓是魅力十足。您和您所爱的人难道不想在新加坡迎接值得纪念的好日子的到来吗？

Transportations for Traveling in Singapore（新加坡出行的交通工具）

MRT，LRT，公交路线……

灵活利用交通工具的旅行

新加坡是公共交通非常发达的国家。虽然出租车非常的便利，但如果不喜欢，您可以试试 MRT 或者巴士，自己体验一下"个人主义"的旅行。

在郊外有高架的 MRT（Mass Rapid Transit）铁路。不论是车站还是车内，都非常的干净漂亮。

我初次来新加坡的时候乘坐的是观光巴士。第二次乘坐出租车。那么第三次呢？我想让您试着利用新加坡公共交通工具自主出游。

首先试着挑战一下初来者也比较容易适应的 MRT。MRT 是指城市中心的地下铁和郊区的高架铁路。车票可以在售票机上购买，押金 1 新加坡元。下车时在车站的售票机换票的时候押金会自动退回来。旅客可以在各个公共交通机构购买旅行者专用的全程自助车票，非常的便利。如果是居住 4 日以上，推荐您使用预付款式的 EZ 链接卡，出行会更加方便、舒心。关于安全的方面，地铁都设有站台车门，但没有时刻表。不过站台的大屏幕会显示多长时间列车到达。大体上平均每 5 分钟一趟，在高峰期间隔时间会缩短，白天间隔时间会长一些。一开始可能会有点不知所措，但很快就能适应。

接下来试着乘坐一下巴士吧。如果熟悉如何乘坐巴士，出行就会变得更加轻松快乐。每辆巴士所去的地方写的不是目的地而是号码。所以旅客要事先确认所去目的地的巴士号码，如果不明白，可以看站台上的指示牌，上面清楚地写着各个号码所代表的目的地和停车地点的名称。

在新加坡为老人和小孩让座是理所当然的。

穿梭于住宅区的 LRT（light rail transit）。现在，以 buki pangjyan 线为首，已经有 3 条线路了。

路线巴士如果您不招手的话是不会停车的。当您想要乘坐的巴士到达了，请将手抬到与地面平行，示意司机停车。

但是即使是这样，对于地点不敏感的旅客来说，只看地名还是难以想象到是哪个地方吧。因此，我想推荐大家灵活利用大众公共出行地图和巴士导游站名录，在新加坡的各个书店都能买到。地图上标有所有的停车站的位置。在巴士导游书里明确标有所有的巴士的号码和停车的地点，对照看看一目了然。如果运气好的话，可以乘坐双层巴士，在最上一屋可以眺望景色。观赏到与平时不同的新加坡的景观★。

专栏 1
进一步了解新加坡的小知识

新加坡被称作罚金大国。当说到罚金的时候总是会有恐惧的感觉，但是只要我们做到"在公共交通工具上不吃东西、不吸烟""不随便乱扔垃圾""不随便吐痰"之类的在我们看来是常识范围内的事情，基本上就没有什么问题了。只是，有一些诸如"禁止携带榴莲上巴士和 MRT""禁止上酒吧的吧台""禁止使用医疗用品以外的橡胶""禁止开不干净的车上路"等规则还是需要注意一下的。

其中还有一些需要注意的是，关于携带香烟入境的规则。携带在其他国家购买的香烟入境新加坡时，必须将所有的都申报并上交相应的税金。在新加坡境内销售的香烟盒上都印有"SDPC"的标记，如果没有"SDPC"的标记立刻就能识别出来。如果携带没有申报的香烟入境，被抓到正在吸烟的话，就会被罚以高达 500 新加坡元的罚金。而且即使是已经申报了，但是被抓到吸烟的时候没有出示相应的发票也会严格地课以同样金额的罚金。

考虑到这些问题，入境新加坡时，不要携带香烟入境，即使贵，在新加坡境内购买会少一些麻烦。如果一不小心忘记携带发票，这个借口在新加坡是行不通的。

新加坡英语

新加坡的公用语言是英语、汉语、泰米尔语和马来语四种。如果拥有在亚洲旅游的经验，肯定有过被亚洲人特有的英语发音和婉转的说话方式困惑过。新加坡也不例外，其特有的新加坡英语（singalish）也很让人迷惑不解。虽然新加坡政府明文规定要求国民不要使用新加坡英语，而要使用发音纯正的英语，但是国民似乎完全不介意。

在新加坡英语中经常使用的语言是"Can"。正如大家所知道的，一般是以助动词"可以"的意思被广泛使用。但是在新加坡英语中，省略了主语，只有"can"就可以表示"你可以吗""可以啊"的意思。如果习惯了的话会发现很简单，但是一开始听到"can?can!"的说法时，很多人肯定是无法理解的。

作为新加坡英语的特点，还有一个希望大家了解的是在句尾加"-ah"的特点。"OK,-ah""never mind –ah"这样的一种用法。"-ah"本身没有什么意思，所以没有别的办法只能习惯这个用法。

最后，还想让大家了解的是新加坡英语动词的时态不发生变化的特点。在新加坡，完全不注意动词时态变化的人有很多。原因是因为新加坡英语受到了汉语和马来语的影响。这两种语言中，在表示过去的时候动词的时态是不发生变化的。新加坡英语中荟萃了很多种语言的精髓，可以说是多民族国家所特有的语言。

中国正月（一）

国民的 80% 都是中国籍华裔的新加坡，会在中国新年举办盛大的庆祝活动。在中国新年的前一天，到处都有彩灯和漂亮的装饰以及打折活动，非常的热闹。但是正月期间却非常的安静。中国籍华裔会走亲戚或者招待亲戚来家里居住游玩。因为没有人上班了，也没有人购物了，店铺也关门了。因此，商业街也看不到人影了。特别是元旦的中国城就像是鬼城一般。在旅行者所聚集的商店街 orchard 街道内，大部分的商店也都正月期间关门。在营业的也只有 DFS、书店、吉野家、快餐店、酒店的餐厅等。伊势丹和高岛店也都不营业。

如果来新加坡购物的旅客，正好赶在中国的正月就惨了。在两夜三日的行程中，几乎没有购物就已经在回国的路上了。中国的正月是阴历的正月，时间大约在一月末到 2 月末之间，每年的日子都不一样。在这段日期前去新加坡旅游的人，在制定旅游行程的时候一定要确认一下中国正月的日期。

中国正月（二）

在中国的正月期间，经常能够看到手提鲜橙的人。这是因为有前往亲戚和朋友家拜年的时候送缘起物鲜橙的风俗习惯。个数是 2 个，或者说要求是偶数。这是因为在中国文化中，偶数是缘起的吉祥数字。而且还有送 2、4、8 等偶数新加坡元的红包的习惯。

在中国正月里肯定少不了的食物是 BBQ 烤肉——猪肉。将甜味的腌制猪肉切成片烧烤制成。到了中国正月前后，每一家猪肉店都会排满了人。当然，平时也可以买到，作为土特产也是不错的选择。

在中国的正月期间，新加坡的街道上到处都洋溢着幸运颜色"红色"的氛围。西式服装，正月装饰，各种套垫外套等都是红色的。

专栏2
在必去的地方尽情双倍享受的方法

鱼尾狮

去新加坡的旅行者有一个一定要去的地方。那就是鱼尾狮公园。国名由来的狮子（梵文中称为新加）和鱼的合体组合而成，是新加坡的标志。鱼尾狮由弗拉塞·布兰诺（Fraser Brunner）设计，由新加坡工匠林浪新（Lim Nang Seng）制作。材料为混凝土，高8.6米，重70吨。于1972年9月举行落成仪式。这个雕像是欢迎所有来新加坡旅游观光的人的象征，为人们所喜爱。2002年，建成30周年的鱼尾狮向海边移动了120米。在现在的位置建成了新的鱼尾狮公园。

这个鱼尾狮不仅对观光客人很重要，对于新加坡来说也是非常重要的。从风水方面考虑，鱼尾狮公园被称为"气息流动的好地方"。因此很多人在身体不舒服的时候或者祸不单行的时候，为了能够赢得好运气而前来参拜鱼尾狮。新加坡的情侣们也非常喜欢在这个景点拍婚纱照。

但是，这个景点却发生过非常震惊的事情。鱼尾狮被雷电击中，鬃毛部分和耳朵部分有一些受损。鱼尾狮那么高而且面向大海矗立，不被雷击反而不可思议了，但是对于新加坡人的影响似乎还是非常大的。"鱼尾狮牺牲了自己来保护人们不受雷击""景气也不好，接下来会不会有更加不好的事情发生，这就是一个暗示"。新加坡人开始有了各种各样的担心。由此我深切地感受到了

鱼尾狮身上所承载的深刻意义与负担。希望您到鱼尾狮公园游玩的时候，亲自感受一下鱼尾狮带给人们的气场。现在，鱼尾狮已经经过修缮恢复了原来的样子。

新加坡樟宜国际机场

樟宜国际机场被称为新加坡的国门，所有乘坐过樟宜国家航空的旅客都给予了"非常优秀的航空公司"的高评价。樟宜国际机场是亚洲、太平洋地区的枢纽机场，世界上50个国家、180个以上的都市的80多家航空公司的飞机都在这起降。2008年总费用约17亿5000万新加坡元的第三航站楼（T3）开业了。每年接送旅客总数年达7000万人次。

樟宜国际机场的优越之处不仅仅是旅客多和规模大，最让人震叹的是，路线的机能性设计让旅客很容易找到自己所要到达的某个目的地。

商店和餐饮店也有很多。占地面积为38万平方米的第三航站楼的购物乐园大受旅客欢迎。FIFA商店，费拉里商店Ferrari store，当地品牌的"MADAMEBUTTERFLY"（蝴蝶夫人）等，各具特色的商店一个接一个。人们印象中的机场的购物＝高级消费品的免税店现在已经不存在了。

Orchard road（果园街）

被称作新加坡银座的 orchard road（果园街）大型商场和购物中心鳞次栉比，从世界各地前来的购物狂们使得这里一直非常的热闹。这里是购物天新加坡的象征之地。

虽然说在 orchard road（果园街）几乎没令人困扰的购物问题，但是返回住处的时候却变得很麻烦，等出租车需要花很长时间。著名的高岛屋出租车站是游客集中乘车的车站，这个地方全天都有人排队等车。在特别拥挤的时候，可以到 orchard road（果园街）对面的购物中心 baragonn 的出租车站看看，这个地方有空车的情况比较多。另外，uilokku 与 faisuto 购物中心之间的 riato tower 的出租车车站少有人知道。我经常在 orchard road（果园街）购物后在这里乘坐出租车。

在 orchard road（果园街）的购物中心观光之际可以休息一下。我想为您介绍一个休息的时候便于前往的咖啡店。首先是大型商场（tangs）四层的观光景点式的咖啡餐厅（isiand café）。在那里可以一边欣赏 orchard road（果园街）一边品尝咖啡。虽然这家咖啡店位于 orchard road（果园街）的中心地带，但是知道的人比较少，很清静。

接下来是很受欢迎的"pscafe" PS 咖啡店，在泰国大使馆旁边的 paralunesansu 的二层，怡人的绿色风景让人怀疑"这里真的是果园街吗"？

vivocity 的最新信息

与 MRThabor frontCc 车站直接相连的"vivocity"在 2006 年 10 月开业，是新加坡最大的购物中心。连接圣淘沙岛和本岛的有轨电车——圣淘沙快车的起始站也在这里，是一个世界各地观光客人向往的景点。在这个 vivocity 中的一层，新开业了一家国际店铺，商品有护墙板、雕刻、书具、教育玩具、家具等，是参观圣淘沙之后一定要去的店铺。

要带什么去新加坡呢？

答：什么都不用带。新加坡什么都有。我住在那儿的时候，从没因为缺少什么而感到困惑过。只是因为家人都在日本，所以总会不自觉地向他们撒娇，"我想吃某某店的煎饼了……"、"好怀念某某馆的糖果啊！"要他们给我寄过来（都是吃的，笑）。当然，煎饼、糖果等在新加坡都可以买到。那儿有好几家诸如伊势丹和明治屋的日系超市，所以感觉跟在日本生活似的。

至于替换衣服，你完全可以空手而来。新加坡常年都是夏天，所以基本上只要穿夏天的衣服和一件针织衫（或披肩）就可以了。建议你去了新加坡之后再买 T 恤和下装。特别是冬天的时候，要把 T 恤带过去的话，就必须从衣橱深处把它们找出来，这时 T 恤上面往往就会有很重的樟脑丸味道。所以，干脆就在新加坡把今年夏天要穿的衣服都买齐了，来一次衣柜大换血。

如果你没有这么做的勇气，也可以只买几天穿的短袖短裤和在空调屋里穿的针织衫或披肩。鞋子建议穿习惯了的凉鞋。

新加坡是女鞋宝库，鞋子又便宜又好看。如果你喜欢靴子，绝对会想买好几双带回去。所以完全没有必要带备用靴过去。但是，如果你要参加晚宴、俱乐部或派对等特殊的节目，最好还是带一套相应的服装过去。当然，你也可以在新加坡买。

一年四季气候都相同吗？

答：既"是"，又"不是"。新加坡白天的平均气温在 24~32 度之间。我在那儿的第一年也觉得每天都一样，但是，随着越来越习惯，第二年开始，就能感觉到天气的变化了："今天有点凉，穿长袖"、"这个月真的是桑拿天啊"……

但是，你要注意每年的雨季。通常每年的雨季都会从 11 月持续到 2 月，期间降雨量会比较多。新加坡暴风较多，即便是下暴雨，也不会持续很久。

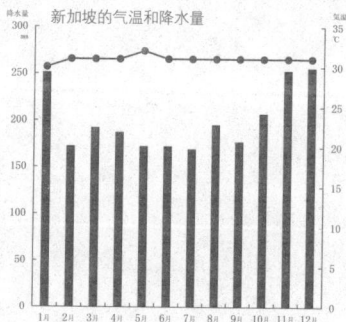

新加坡的气温和降水量

但是在雨季，往往一整天都是淅淅沥沥的毛毛雨。如果不想遇到下雨天，最好还是避开雨季。

如何有效地安排时间？

虽然也要看当天的天气，但是通常情况下，每天 11 点到 15 点是最热的时间段。所以如果要去公园或动物园这些需要长时间在户外走动的地方，最好一大早就出门。到了中午就回到住的地方休息一会儿或者去博物馆、购物中心等比较凉快的地方。等晚上凉爽一点之后，再去户外活动。如果身体还没有完全适应炎热的天气，就勉强自己出去走动，你的身体很可能会在旅途中就崩溃的，所以要特别注意。

如何进行外币兑换？

每一家店的汇率都不一样，而且兑换金额越多，差价就越大。所以最好去汇率比较好的地方兑换。我经常去位于 MRTboonlay 站旁边的"dulon point"购物中心里的兑换所兑换，但是它离市中心比较远，坐电车需 30 分钟，所以不推荐。如果要在观光购物都方便的 Orchard（果园街）中心找的话，我推荐"幸运市场"。那儿有很多兑换所，先从中选几家询问一下，然后回到汇率最好的那家，如果还有余力的话，可以再进行交涉，说不定能得到更好的汇率。

其次，如果在中国城找的话，可以去 people·park.complex 一楼的"CRANTE MONEY CHANGER"（中央交易）兑换所，那儿的汇率比较好。如果在 little indian（小印度）找的话，可以去 mustafa centre（中心）。如果适逢新加坡元贬值的时期，你会感觉更值。

如何乘坐出租车？

基本上和国内一样，只要举一下手，就会停下来。但是，在市内，只允许在出租车站坐车或下车。而且，除了在郊外和住宅区，其他地方基本上打不到车。

你可以打电话去出租车公司叫车。COMFORT 公司的电话号码是"65521111"，拨通之后告诉话务员你的地点和姓名（小名也可以），他们会马上为你找空车。找到之后，就会告诉你车牌号和到达所需时间。基本上都会在 10 分钟以内到达。

接下来再介绍一下计价体系。一般车种的起步价是 $ 2.80~ $ 3.20 左右。之后，每行驶330~385 米，就增加 20 美分。而且等待时间每过 45 秒就增加 20 美分。除此之外，还有高峰期、节日计价等非常复杂的追加体系，但是，新加坡的出租车基本上没有不正当的请求，所以无需担心。

国民特性

新加坡是一个多民族国家，其国民由多个人种构成，所以很难用一句话来概括其国民特性。但是，就我个人而言，感受最深的是他们不会轻易承认自己的错误。在日本，与别人发生冲突的时候，即使觉得不是自己的错，也会先道歉。

但是，新加坡人不会轻易道歉。即使很明显是自己的错，他们也会先解释。日本人在新加坡会不自觉地说"Sorry"。我也是其中之一，但是我希望能稍作控制。当然，该道歉的时候还是应该郑重的道歉的，只是如果没有什么特别的理由就随意道歉的话，会让人觉得很奇怪。我们还是要"入乡随俗"的。

相遇，然后相连

人生从相遇开始，在相遇中互相扶持前进，最后与相遇之人一一告别之后谢幕。

我的人生也是从与父母的相遇开始的，然后随着父亲来到这儿，与这片土地相遇。

父亲告诉了我新加坡的美妙，但是他现在已经去世了。如果他知道我移居到了新加坡，并写了这本书，他会怎么想呢？

正在阅读这本书的人：也许马上要去新加坡旅行，也许刚从新加坡回来，也许……希望你们能够通过这本书，接触到新加坡全新的一面。

在这儿，我要感谢和我一起完成这本旅游绘本的编辑吉田友和与摄影师柳大辅，与他们的相遇是我今生的一大财富。另外，我还要向在取材、执笔方面给予我支持的人以及我的后援团团长田岛我唯、田岛一之表示衷心的感谢。

POP ★ TRIP. SINGAPORE

Copyright©2009 Marie Tajima

Photographs©2009 Daisuke Yanagi

Original Japanese edition published in 2009 by SOFTBANK Creative Corp.
Simplified Chinese Character translation rights arranged with SOFTBANK
Creative Corp.

through Owls Agency Inc. and Beijing GW Culture Communications Co., Ltd.

著作权合同登记号　图字：07-2010-2572

图书在版编目（CIP）数据

女人游新加坡／（日）田岛麻里江著；郭阳译．－
长春：吉林出版集团有限责任公司，2012.10
　　ISBN 978-7-5534-0390-8

　　Ⅰ．①女…　Ⅱ．①田…　②郭…　Ⅲ．①新加坡－概况
Ⅳ．①K933.9

　　中国版本图书馆CIP数据核字（2012）第215920号

女人游新加坡

著　者　（日）田岛麻里江
译　者　郭　阳
责任编辑　王　平　齐　琳
封面设计　烟　雨
开　本　889mm*1194mm　1/32
印　张　5
版　次　2013年1月第1版
印　次　2013年1月第1次印制
出　版　吉林出版集团有限责任公司
电　话　总编办：010-63109269
　　　　发行部：010-63104979
印　刷　北京和谐彩色印刷有限公司

ISBN 978-7-5534-0390-8　　　　　定 价：29.00元